山东省社会科学规划研究青年项目《新时代中国共产党文化使命的逻辑生成及践行理路研究》（项目批准号：23DKSJ02）研究成果

马克思主义视野下当代中国文化使命研究

林　敏　著

新 华 出 版 社

图书在版编目（CIP）数据

马克思主义视野下当代中国文化使命研究 / 林敏著.

北京：新华出版社，2024.8. -- ISBN 978-7-5166

-7497-0

Ⅰ. G12

中国国家版本馆 CIP 数据核字第 20246YR234 号

马克思主义视野下当代中国文化使命研究

作者：林　敏

出版发行：新华出版社有限责任公司

（北京市石景山区京原路 8 号　邮编：100040）

印刷：天津和萱印刷有限公司

成品尺寸：170mm×240mm　1/16　　**印张**：11.25　　**字数**：176 千字

版次：2024 年 8 月第 1 版　　　　　　　**印次**：2024 年 8 月第 1 次印刷

书号：ISBN 978-7-5166-7497-0　　　　　**定价**：68.00 元

微店　　　　视频号小店　　　　抖店　　　　京东旗舰店

微信公众号　　喜马拉雅　　　小红书　　　淘宝旗舰店　　扫码添加专属客服

前　言

十八大以来，党和国家高度重视文化使命问题，提出了一系列关于文化使命的新思想新理念新论断，为当前中国文化使命研究提供了行动指南。文化使命问题的提出和破解，是建设社会主义文化强国的重要着力点，是当前学界面临的重大时代课题。本书通过深入研究当代中国文化使命的相关概念、基本特征、生成逻辑与实践路径等学理问题，力图构建马克思主义文化使命的理论体系。

立足当代，围绕"是什么"的研究指向，书中阐释了文化使命的基本学理问题。其一，基于"文化使命"这一核心范畴，分别从文化学、政治学、人类学等视角予以界定。其二，从阶级属性、指导思想、价值理念、奋斗目标等多维视角，分析和界定中国文化使命的科学内涵、时代特征。其三，厘清文化使命与"初心使命"的关系。

从理论溯源出发，是把握当代中国文化使命这一命题的关键所在。本书从经典马克思主义到中国马克思主义发展的历史线索出发去探究中国文化使命科学性的内在理论密钥。其一，唯物史观视角下的马克思主义文化观，深刻揭示了文化的本质和文化发展普遍规律，为中国文化使命奠定了理论根基。其二，在百年奋斗的征程中，着眼于中华文化走向何处的问题，形成了一系列具有中国特色的文化理论，为当代中国文化使命研究提供了重要的理论来源。其三，中华优秀传统文化蕴含着丰富的智慧资源，探究其在建构过程中所凸显的深层价值意蕴和独特精神力量，为当代中国文化使命提供深厚的文化滋养。

从历史维度来看，文化使命是历史的、具体的，是由特定的历史条件所决定的。当代中国文化使命根植于"站起来——富起来——强起来"的伟大历史演进之中。围绕不同历史时期"党和国家的中心任务"对文化使命展开研究，主要包括新民主主义革命时期、社会主义革命和建设时期、改革开放和社会主义现代化建设新时期以及中国特色社会主义进入新时代的文化使命，在动态的历史演进过程中，揭示出不同历史时期文化使命的基本内容和阶段性特征。

从现实维度来看，需要清醒地认识到当代中国文化使命面临的机遇与严峻挑战。在百年未有之大变局的国际背景下，"东升西降"的新格局态势、全球文化的多样化加速发展、信息时代的数字革命加速变革，中国必须抓住机遇勇于承担文化使命的责任和义务，为世界文化发展贡献中国力量。随着社会主要矛盾的变化，文化使命面临着文化发展的不平衡不充分、多元与一元的文化碰撞、文化走出去较为薄弱等现实难题。如何更好地满足人民美好生活的"精神文化需求"，有效发挥文化的引领价值、凝聚人心的重要作用，迫切需要肩负起为实现民族复兴培根铸魂的使命任务。基于对现实境遇的考量，亟待中国加强社会主义文化建设，进而引领并推动中国特色社会主义文化的繁荣、发展与进步。

从内容维度来看，探讨中国文化使命的基本内容。本书坚持"以马克思主义为指导，坚守中华文化立场，立足当代中国现实"为实践原则，把"满足人民日益增长的美好生活需要"作为价值归旨，以"举旗帜、聚民心、育新人、展形象、兴文化"为导向。一是开展"思想入心"的培根铸魂工作。牢牢把握意识形态领导权高举新时代鲜明旗帜，巩固信仰之基和补足精神之钙，真正把马克思主义的精神信仰筑牢以塑新时代之魂。二是构筑中华民族共有精神家园，增强人们精神层面的幸福感和获得感。三是培育勇于担当文化使命的时代新人，接续肩承起新时代的文化使命任务。四是要尊重文明多样性促进世界文明交流互鉴，在世界舞台上全面展示新时代中华文化新姿态。

立足中华民族文化复兴的愿景，迫切需要中国共产党和中国人民勇担新的文化使命。围绕"怎么做"的研究指向。坚持中国共产党的全面领导，以增强"本领建设"作为立足点，探讨当代中国文化使命的践行理路。通过文化领导能力、文化建设能力、文化创新能力和文化国际传播力能力建设，不断深化对践行文化使命的整体性认识。

综上所述，从马克思主义的视野下，探讨当代中国文化使命的基础理论问题，构建当代中国文化使命生成的理论逻辑、历史逻辑和现实逻辑等逻辑及其关系，探究文化使命的实现路径，对于推动文化发展、弘扬使命精神具有重要的价值意义。迈向第二个百年奋斗目标的征程中，我们只有坚定文化自信、秉持开放包容、坚持守正创新，勇于担当、锐意进取，才能为创造属于我们这个时代的新文化作出应有贡献。

本书是山东省社会科学规划研究青年项目《新时代中国共产党文化使命的逻辑生成及践行理路研究》（项目批准号：23DKSJ02）的最终成果。

|目　录|

导　论

党的十九大报告指出，"当代中国共产党人和中国人民应该而且一定能够担负起新的文化使命"①。"文化使命"在中国共产党人首次明确提出初心使命的时刻正式出场，不仅体现了中国共产党人应有的文化自信，而且突出强调当代中国共产党人在推进文化进步发展的历史责任与艰巨使命。在迈向第二个百年奋斗目标的征程中，文化使命问题的提出和破解，是建设社会主义文化强国的重要着力点，是当前学界面临的重大时代课题。

一、问题的缘起

当代中国文化使命问题研究，具有深刻的现实基础与深厚的学理基础，蕴含着鲜明的价值指向与实践指向。中国是文化古国、文化大国，但并非文化强国，无论是在世界文化市场的份额问题，还是"话权语"问题，抑或是国民的文化素养问题等，都表明我国的文化软实力建设存在明显的短板，民族文化的复兴崛起、国家文化的繁荣兴盛依然任重道远。基于社会主义文化强国建设的战略目标，文化使命问题日渐成为学界关注的热点问题。

（一）现实依据

立足当代，文化使命问题是社会主义现代化强国建设进程中不可忽视的

---

① 《习近平谈治国理政》第 3 卷，外文出版社 2020 年版，第 35 页。

重大现实问题。当代中国肩负着满足人民日益增长的精神文化需要、铸就社会主义文化新辉煌、为实现中华民族伟大复兴培根铸魂、建设中华民族现代文明、为人类文明进步做出更大贡献的历史责任和艰巨使命。

1. 新时代为中国文化使命的现实语境

首先，新时代要满足人民美好生活的精神文化需要。文化使命总是在一定社会的政治和经济背景中形成的，是这个社会的政治和经济在观念上的反映，与这个社会的政治理论和经济理论一起揭示这个社会的主要矛盾及其发展变化，表征随着社会发展变迁人们主要的精神文化诉求。党的十九大报告明确提出，"我国社会主要矛盾已经转化为人民日益增长的美好生活需要和不平衡不充分的发展之间的矛盾"①，这一社会主要矛盾的变化既是我国迈入新时代的标志，也是担负新的文化使命的重要标志。为人民谋幸福要符合社会主要矛盾的变化，矛盾之变意味着需求之变。我们在文化领域中所担负的使命就在于最大限度地满足"需求之变"，特别是公民的精神文化需要。在这种情况下，切实解决好"供给之变"，即不同区域、城乡之间所表征出来的文化发展的不平衡不充分问题。通过文化使命潜移默化地将文化因素融入人民的生活血脉中，凝聚强大的精神力量。这样一来，新时代的精神文化对不同区域、不同层面产生影响，文化作为人的实践活动的对象化可以提升人的类本质。因而，从党肩负的使命来看，只有不断地满足人民的精神文化的需求之变，才能保证我们党始终是人民的主心骨。

其次，新时代始终坚持以"人民为中心"的价值导向。在马克思主义的理论语境中，作为现实的人就会有使命、有任务，"这个任务是由于你的需要及其与现存世界的联系而产生的"②，这是依据人的实践活动的对象化来把握文化使命的本质，文化使命有其主体层面的内在规定性。习近平总书记在党的十九大报告中指出，"当代中国共产党人和中国人民应该而且一定能够担负起新的文化使命。"③ 文化使命所属主语是"中国共产党和中国人民"，这一重要论断科学回答了"由谁来担负文化使命"的重大命题。一是

---

① 《十九大以来重要文献选编》（上），中央文献出版社 2019 年版，第 8 页。
② 《马克思恩格斯全集》第 3 卷，人民出版社 1960 年版，第 328－329 页。
③ 《习近平谈治国理政》第 3 卷，外文出版社 2020 年版，第 35 页。

突出强调中国共产党在担负文化使命过程中的政治领导、思想领导和组织领导。党的领导是社会主义文化发展的根本保证，中国共产党的性质决定了我国文化发展的正确方向。二是强调"中国人民"是中国共产党执政的深厚根基，也是完成文化使命的主体力量，明确了社会主义文化发展"为了谁""依靠谁"的实践问题，进一步表明了文化使命的政治立场。正如习近平总书记所言，"人民是历史的创造者，群众是真正的英雄。人民群众是我们的力量源泉。"[①] 三是强调中国共产党和中国人民共同形塑新时代新的文化使命。中国共产党与中国人民之间是"同呼吸""共命运""心连心"的统一体，中国的文化使命植根于党和人民的血脉之中，二者共同推动社会主义文化的繁荣与进步。

最后，新时代逐步实现精神生活共同富裕。习近平总书记指出，"共同富裕是全体人民共同富裕，是人民群众物质生活和精神生活都富裕，不是少数人的富裕，也不是整齐划一的平均主义。"[②] 实现精神文化生活共同富裕既是中国特色社会主义文化发展道路的鲜明特征，也是中国共产党文化使命的价值追求，实现了对西方资本逻辑规制下的文化使命的超越。中国在践行文化使命的过程中摒弃资本逻辑，坚持以"人民为中心"的文化发展理念，始终把"满足人民的精神文化需要"作为根本立足点，根据不同发展阶段的文化使命任务正确处理好社会主义文化建设与经济建设、物质文明与精神文明的关系，不断进行文化使命的顶层设计和总体布局，实现了以公有制为主体、多种所有制共同发展的文化产业格局，不断解放和发展文化生产力，创造性的化解了工具理性与价值理想的矛盾，实现物质富足与精神富有在社会主义制度下的和谐统一，为实现全体人民精神生活共同富裕创造条件。

2. 文化强国战略为文化使命设定了目标指向

党的二十大报告指出，围绕"举旗帜、聚民心、育新人、兴文化、展形象"来建设社会主义文化强国。文化强国战略是坚持和发展中国特色社会主义文化的题中应有之义，决定了中国共产党文化使命的本质规定、发展指向

---

① 《习近平著作选读》第 1 卷，人民出版社 2023 年版，第 61 页。
② 习近平：《扎实推动共同富裕》，《求是》2021 年第 20 期。

和文化愿景。

首先，坚持中华优秀传统文化创造性发展和创新性转化的时代诉求。当代中国文化使命的民族特色，体现在对中华优秀传统文化的合理继承与创新发展上。中华优秀传统文化中蕴含着丰富的智慧资源，而践行文化使命的过程，就是合理继承并发扬中华优秀传统价值理念的过程，把马克思主义基本原理同中华优秀传统文化相结合的发展过程。立足当代，中国所担负的文化使命承载着全体人民精神生活共同富裕的价值目标，秉承着人与自然和谐共生的文化生态治理理念，奉行着开放包容的文化交流精神等，都充分体现了对"民为邦本""天人合一""和而不同"等中华优秀传统文化价值理念的继承与发展。可以说，这些智慧资源是新时代现实场域下我们党完成文化使命的智慧资源。

其次，坚持社会主义先进文化发展方向的时代诉求。中国共产党代表"先进文化的前进方向"这一重要性质，决定了中国文化使命具有鲜明政党特色、社会主义属性，以及中国式现代化发展要求的趋向。具体而言，文化使命具有一定的引领力，其目的在于满足人民精神文化需要、守护人民精神家园，坚守文化初心、增强文化自信，为人类文明发展贡献中国力量的必然要求，面向现代化、面向世界、面向未来的发展趋向，也充分体现了人民性、民族性、科学性与先进性。

最后，提升国家文化软实力的时代诉求。文化软实力是国家文化发展的重要表征，国家间竞争的重要因素之一。习近平总书记在党的二十大报告中指出，"巩固全党全国各族人民团结奋斗的共同思想基础，不断提升国家文化软实力和中华文化影响力。"① 当前，推动我国文化事业和文化产业的发展，对文化资源进行合理的配置，文化效益、社会效益和经济效益的协调发展，能够为践行文化使命提供坚实的物质保障。同时，文化体制机制的改革，进一步理顺了文化主体间的关系，为文化使命的践行提供了坚实的制度保障。

---

① 《习近平著作选读》第 1 卷，人民出版社 2023 年版，第 36 页。

3. 实现中华民族伟大复兴是中国文化使命的行动指南

"中华民族迎来了从站起来、富起来到强起来的伟大飞跃，实现中华民族伟大复兴进入了不可逆转的历史进程！"①。实现中华民族伟大复兴的中国梦，不仅需要强大的经济力量、科技力量，更需要持久的精神力量。中华民族伟大复兴是中华民族精神的内在表征，而文化使命能够为实现中华民族精神上的自立自强提供强大的推动力。应该说，当代中国的文化使命与实现中华民族伟大复兴的过程是同向的、交互作用的，在实现中华民族伟大复兴的进程中不断形塑中国的文化使命。

中华民族伟大复兴的战略全局，勾画了当代中国文化使命的理想图景。当代中国的文化使命有着丰富的内涵，需要从国家、民族、人民这三个维度来阐明文化使命与实现民族复兴历史使命的内在联系。从国家层面来看，中国要勇于担当起弘扬中华优秀传统文化，创造中国特色社会主义新文化，为实现中华民族伟大复兴培根铸魂，为人类文明进步贡献中国力量的时代责任。从民族层面上来说，中国要自觉担负起推动社会主义文化繁荣发展，凝聚全国各族人民团结奋斗的精神力量，为实现中华民族伟大复兴汇聚磅礴力量。从人民层面来说，要坚守文化初心，守护好人民的精神家园，积极培育和践行社会主义核心价值观，为人民提供更多高品质的精神文化产品。通过解决我国社会主义现代化进程中的文化发展问题，牢牢把握本民族文化发展的前途和命运，积极回应实现中华民族伟大复兴的时代要求。"新的文化使命"在时间维度上实现了文化使命的样态变革，在空间维度上实现了文化使命的外部延伸。因而，只有把握历史机遇与时代挑战，才能不断地推动社会主义文化形态的转型与发展，进而实现"人化"与"化人"的双重使命。

（二）理论背景

中国的文化使命问题研究具有深刻的理论背景与深厚的理论基础。基于中华文化立场的坚守，该论题研究以马克思主义文化理论为学理基础。唯物史观视角下的马克思主义文化观，深刻阐释了文化的本质核心和精神内核，

---

① 习近平：《在庆祝中国共产党成立 100 周年大会上的讲话》，《人民日报》2021 年 7 月 2 日。

揭示了历史积淀和未来图景中的文化发展之路，这也成为当代中国文化使命的理论根基。在百年奋斗的征程中，始终坚持马克思主义的指导，着眼于中华文化走向何处的问题，形成了一系列中国化马克思主义的文化理论，这是文化使命的重要理论来源。中华民族创造的优秀传统文化蕴含着丰富的智慧资源，为本研究提供了深厚的文化支撑。当代中国文化使命不仅仅是马克思主义以及中国化马克思主义文化理论指导和运用的结果，也是对中华优秀传统文化融通生成的结果。

1. 马克思主义文化理论是当代中国文化使命研究的学理基础

本书关于当代中国文化使命研究是以马克思主义为根本理论分析框架，以马克思主义文化观为具体理论指导，以"问题"为导向，探究当代中国文化使命的逻辑生成和践行理路问题。

首先，马克思主义文化观奠定了文化使命的人本理论基础。马克思主义唯物史观的出发点是"现实的个人"，这是我们考查文化使命论题的基础方法论支撑。在《德意志意识形态》一文中，马克思和恩格斯明确指出，"全部人类历史的第一个前提无疑是有生命的个人的存在"[①]，并且进一步指出"任何历史记载都应当从这些自然基础以及它们在历史进程中由于人们的活动而发生的变更出发。"[②] 从"现实的人"的实践活动过程中出发加以历史地考查人类文化发展，超越了黑格尔所建立的"绝对精神"的抽象理论框架，实现了从"抽象思辨"到"客观事实"的最为根本的转换。如果仅仅从观念的而非现实的人出发去把握主体所担负的文化使命，便会陷入唯心主义的陷阱。在马克思主义的理论语境中，依据人的实践活动的对象化来把握文化使命的本质，作为现实的人就会有使命，而这个使命任务是你的需要同现存世界的联系而产生的。[③] 任何一种文化都是围绕人的实践活动而展开，而文化使命的达成既有赖于人的自由自觉的活动加以推进，又同社会物质生产实践密切相关。这一历史唯物主义的基本原理告诉我们，人民群众是推动文化发展的根本力量源泉，是文化使命的担当者、又是文化使命的积极践行

---

① 《马克思恩格斯选集》第 1 卷，人民出版社 2012 年版，第 146 页。
② 《马克思恩格斯选集》第 1 卷，人民出版社 2012 年版，第 147 页。
③ 《马克思恩格斯全集》第 3 卷，人民出版社 1960 年版，第 328—329 页。

者。一个政党肩负什么样的文化使命，说到底就是要彻底解决文化发展"为什么人"的问题，这是新时代中国共产党肩承文化使命的真正价值所在。

其次，马克思主义文化观奠定了当代中国文化使命的文化理论基础。关于马克思主义文化观研究，从不同角度梳理了马克思主义经典作家关于文化、使命的相关论述，探究中国共产党文化使命的内涵特质、阶段性特征。立足文化是人的本质力量对象化，阐释文化使命；立足无产阶级政党与文化使命的本质关联，分析分化使命对于满足人民的精神文化需求、凝聚实现中华民族伟大复兴的精神力量，促进社会主义文化的繁荣发展具有重要作用。坚持以人民为中心，科学回答文化发展为了谁、依靠谁的实践问题，明确中国共产党文化使命的价值归旨，塑造具有问题意识与使命意识、文化发展与责任意识之间辩证统一的文化使命意识。

再次，马克思对资本主义社会所创造的现代文明有所辨析，在肯定资本逻辑促进了人类文明发展的历史进程的同时，也深刻揭露了资产阶级文化使命的极端伪善和野蛮本性。资产阶级总是以非正义的方式践行其"文化使命"，对殖民地国家进行剥削和压迫。马克思指出，英国资产阶级所要完成的文化使命是极具破坏性的，"不仅破坏了本地的公社，摧毁了本地的工业，夷平了本地社会中伟大和崇高的一切，从而毁灭了印度的文明"①。马克思深刻洞察了资产阶级文化使命的阶级局限性，指出无产阶级始终"代表整个运动的利益"。作为一种与资产阶级相区别的文化使命，无产阶级将实现"共产主义文明"的使命任务贯穿整个人类解放的历史进程，呈现了无产阶级政党文化使命的崭新图景。

最后，来源于"马克思主义中国化研究"这一学科的理论诉求。中国共产党作为马克思主义使命型政党，在开展文化建设工作的过程中必然要以马克思主义为指导，这是当代中国能够承担新的文化使命的优势所在。中国共产党人实事求是地探索社会主义文化发展道路、与时俱进地推动社会主义文化理论创新、不断进行文化使命的顶层设计，形成了系统全面的文化使命理论。特别是马克思主义中国化的最新理论成果，习近平文化思想为文化使命

---

① 《马克思恩格斯选集》第 1 卷，人民出版社 2012 年版，第 857 页。

问题的研究提供了明确的理论指导与价值指引。因而，对当代中国文化使命作出理论回应——科学地阐释、全面地解读、系统地分析，是马克思主义中国化研究学科发展的强力呼唤。

二、研究现状述评

关于当代中国文化使命问题的研究，基于国内研究现状，从文化使命等相关视角阐明中国与文化使命等方面的问题；基于国外研究现状，从文化学视角阐明文明、文化与社会发展等方面的问题。在此基础上，深入剖析该论题研究的存在的问题和不足，分析中国文化使命问题研究发展的新趋向。

（一）国内研究现状

目前学术界对"文化使命"的研究，理论成果颇丰。这些理论成果包括理论著作、学术期刊和硕博论文等，为本书的研究提供了可资借鉴的理论资源。同时，国内学者对文化使命问题的研究还存在一些问题，为本书的研究也留置了一定的空间。

1. 关于中国文化使命研究成果梳理

本书对中国文化使命的文献综述部分的梳理，主要来自"中国知网""中国共产党思想理论资源数据库"等方面。关于中国文化使命的研究成果，主要表现为学术著作、学术论文和硕博学位论文三种类型，且成果数量呈现逐年递增趋势。

第一，学术著作方面。第一类主要是指专门聚焦"文化使命"而展开研究的学术专著。如：周熙明和李文堂合著的《中国共产党的文化使命》（2006年）和曹泳鑫的《中国共产党人文化使命研究》（2011年），这是较早研究中国共产党文化使命的学术专著，具有一定的代表性。徐晓望的《21世纪的文化使命》（2019年）一文，提出了21世纪要建立东方价值观为参照系统的学术系统，东方文化保持本民族的特色。吴海江在《中国共产党与中国文化》（2019年）中指出，"中国共产党的文化使命就是使民族树立对中华文化的身份、个性与功能的自信，新时代文化自信就是对中国共产党文化使命的话语构造与现实表达"①。第二大类是与"文化使命"相关的研究著作。主要包括：李春华的《新时期中国共产党文化创新研究》（2012 年），顾海良的《文化强国之路》（2015 年），沈壮海的《论文化自信》（2019 年）等等。学界对文化使命的相关研究已经打破了单向度的学科范式，其研究视阈呈现外拓之势，文化建设、文化安全、文化自信、文化强国等都在研究范围之中。同时，学界对于文化使命的研究内容逐渐细化，既有文化理论创新研究、文化话语权研究、文化建设路径研究，也有关于文化使命的理论意义、时代意义、世界意义等方面的研究。十八大以来，马克思主义文化使命理论研究进入了新的发展阶段，更加凸显鲜明的时代特征。

第二，学术论文方面。学界关于文化使命的代表性成果主要包括：阎凤梧的《创建当代中国先进文化是中国共产党人的伟大使命》（2001 年），周熙明的《近代中国的历史命运与中国共产党的文化使命》（2006 年）等。其中，有学者尝试以先进文化的性质作为起点对党肩负的"文化建设"任务展开研究并进行了阶段性阐释和特征分析，进而在内容向度上实现了对中国共产党文化使命的系统阐释。还有学者认为中国共产党人面临着特殊的"文化问题"，这种特殊性赋予了中国共产党独有的文化使命。党的十九大之后，学术界对文化使命的研究提升到了一个新的高度。比如，沈壮海的《担负起新的文化使命》（2017 年），李曼的《马克思主义文化观和中国共产党的文化使命》（2018 年），王永友的《新时代中国共产党的三重文化使命》（2020年），方世南《习近平文化思想指明新的文化使命》（2023 年）和唐爱军的《在新的历史起点上更好担负起新的文化使命》（2023 年）等。学者们分别从理论导向、逻辑生成、价值意蕴等不同的视角对文化使命展开研究，不断深化对文化使命问题的认识和理解。

第三，硕博学位论文方面。硕博论文围绕"文化使命"展开的研究成果则相对较少。相关代表性成果主要有：其一，马冰心的《新时代中国共产党的文化使命研究》（2019 年），主要从中国共产党文化使命研究的基础理论、

---

① 吴海江：《中国共产党与中国文化》，上海人民出版社 2019 年版，第 18 页。

现实境遇和实现举措三方面内容展开研究，提出在"不忘本来、吸收外来、面向未来"向度上践行文化使命。① 该论文对于"中国共产党文化使命"问题的研究涵盖面较广，具有较高的学术参考价值，但也正因其"广"导致其在研究深度方面尚有不足，有待进一步提升。其二，殷仲平的《新世纪中国共产党文化使命视阈下的新疆文化建设研究》（2013 年），阐释了党的文化使命内涵的新"特质"及其发展的新方向，研究了新时期中国共产党要实现文化使命的内外部环境，重点剖析了国内环境的现实挑战。② 该论文落脚点在新疆文化建设领域，其研究指向也就必然局限于新疆这一区域，从这一视角来看其研究具有一定的地域局限性。博士论文方面主要有尹蕾的《新时代文化自信的使命与实现研究》（2021 年），李阁的《中国共产党文化建设思想与实践的发展向度研究》（2021 年），吴小炜的《新时代中国共产党引领先进文化建设研究》（2021 年）等。学者从动力性、目的性、主体性、功能性以及国际性这五个角度来阐述新时代文化自信的历史使命。③ 硕博论文方面的成果虽然不多，但对文化使命的基础性研究、建构理路、内容指向、践行主体等方面进行了有益探索，为我们的研究提供了有益的参考。

2. 关于当代中国文化使命研究

国内学者对文化使命问题的研究始于世纪之交。2000 年 2 月，江泽民在广东考察工作时明确提出"三个代表"要求，其中"代表着中国先进文化的前进方向"成为学界研究中国共产党文化使命的重要指导思想。周熙明发表了《牢记中国共产党的文化使命》（2000 年）一文，从社会主义在中国的前途命运和中华民族伟大复兴的战略高度出发，来认识和把握中国共产党的文化使命。在此基础上，周熙明和李文堂合著出版《中国共产党的文化使命》（2006 年），指出"中国共产党肩负对整个民族生存方式进行现代改造的艰巨任务"。曹泳鑫在《中国共产党人文化使命研究》（2011 年）中指出我国文化建设中紧迫的使命任务是"解决好中国整个社会现代化转型中的文

---

① 马冰心：《新时代中国共产党的文化使命研究》，重庆工商大学硕士学位论文，2019 年。
② 殷仲平：《新世纪中国共产党文化使命视阈下的新疆文化建设研究》，新疆师范大学硕士学位论文，2013 年。
③ 尹蕾：《新时代文化自信的使命与实现研究》，电子科技大学博士学位论文，2021 年。

化和价值认同问题"，促进社会和谐和文化多样化。2017 年，习近平总书记在党的十九大报告中首次提出"文化使命"这一重要概念，引发了学界对"文化使命"问题的再思考。2023 年 6 月，习近平总书记在文化传承发展座谈会上强调，"在新的起点上继续推动文化繁荣、建设社会主义文化强国、建设中华民族现代文明，是我们在新时代新的文化使命"①。显然，"文化使命"被提升到了一个新的历史高度。就目前的研究成果来看，文化使命的学术著作已经出版，只能说数量相对较少。而学界发表的相关学术论文已有近百余篇，这对于本课题的研究来说，具有很大的参考价值。研究主题主要分为以下几个方面：

（1）关于文化使命的基本理论问题研究

围绕"文化使命的基本理论"问题，学者们以"文化使命"为核心概念展开研究，主要涵盖了文化使命的科学内涵、外延、主要内容以及价值意义等方面。

关于文化使命的概念界定和内涵阐释。"使命"作为一个重要概念，主要是指需要由"特定的主体"所承担的重大任务和责任，表征着践行使命过程中主客体间的双向互动。可以说，使命是主体在一定历史时期自觉认识到应当肩负的责任，并通过一系列举措完成承担使命与发展自身的双重任务的过程。中国共产党的文化使命要比一般的"使命"及"文化使命"更为具象化。② 围绕"文化使命"这一核心概念，目前诸多学者从马克思主义文化观、文化人类学、文化生态学、使命的价值归旨等不同的角度阐明了文化使命的科学内涵。其一，基于马克思主义文化观视域下对文化使命进行"概念性"阐释。学者们不断深化对"文化使命"概念的理解，一是从意识形态安全的层面来分析文化使命，特别指出文化使命是马克思主义在意识形态领域中的重要体现，阐释其内涵必须将国家意识形态安全这一关键要素充分体现出来。二是从马克思主义指导思想这一层面来分析文化使命。③ 该学者将中国的文化使命的重点放在了马克思主义的指导地位上，以此来进一步明确发

---

① 习近平：《担负起新的文化使命　努力建设中华民族现代文明》，《人民日报》2023 年 6 月 3 日。

② 杨瑞琴：《建党百年来中国共产党的文化使命探析》，《理论建设》2021 年第 1 期。

③ 李曼：《马克思主义文化观和中国共产党的文化使命》，《人民论坛》2018 年第 22 期。

展先进文化的重要性。但从某种意义上看，该观点对于文化使命内涵的研究视域显得过于狭窄。其二，从文化领域的角度理解文化使命。立足国家文化发展及文化建设的愿景，突出使命主体所担负的文化任务及价值目的，充分明确文化发展进程中的阶段划分、预期目标等内容。从这一发展逻辑对其进行学理上的阐释，部分学者认为马克思主义的出场为党的文化使命指明了方向，在新时代的背景下结合新时代的文化发展主题与现实境遇来把握其深刻内涵。重点突出"文化传承"的重要性，强调要在文化传承的基础上来建设社会主义的先进文化，进一步提升国家文化软实力。① 这一概念阐释涵盖了文化使命的指导思想、现实需要、文化资源、发展目标以及文化使命最终的价值指向等方面。其三，从人民、民族和国家的视角来理解文化使命。一是基于国家富强的视角，阐释新时代党的文化使命重要内容，即从方向、目标和定力三个维度实现社会主义文化的繁荣兴盛。二是基于民族振兴的视角，当代中国必须通过科学而有效的文化传承、文化创造和文化传播，肩负起创造中华文化新辉煌的文化使命。三是基于人民幸福的视角，新时代在践行使命过程中须坚持与人民"共命运、同呼吸、心连心"，才能更好实现为人民谋幸福的使命担当。② 其四，从习近平文化思想中挖掘其文化使命感、政治责任感。该学者认为习近平文化思想是一种强烈的政治使命感、历史责任感和人民至上感有机融合起来的思想情感③。在研究视角上进行了突破创新，彰显了文化使命内涵的时代性与创新性。这对于我们从宏观上把握当代中国文化使命的科学内涵具有一定的启示意义。

关于文化使命的具体内容研究。以马克思主义文化观作为根本的理论前提，从近代以来中国的前途命运以及实现中华民族伟大复兴的历史使命的战略高度来把握文化使命。第一，强调与社会发展的有机结合。有学者将文化使命的内容再度细化，具体涵盖了以下几点：从精神层面上来讲要"重温民族精神"；从道德向度出发，文化使命需要重点加强"思想道德建设"；从文

---

① 杨瑞琴：《建党百年来中国共产党的文化使命探析》，《理论建设》2021 年第 1 期。

② 胡義、王永友：《新时代中国共产党的三重文化使命——基于实现国家富强、民族振兴、人民幸福的目标视角》，《邓小平研究》2020 年第 6 期。

③ 方世南：《习近平文化思想的文化使命感》，《闽江学刊》2024 年第 1 期。

化与教育之间的关系的角度来看要加强"文化建设与国民教育";从国际视角来分析要注重"文化产业及其国际竞争";此外,还包括"全球化进程中的媒体转制""文化城市与城市文化""乡土社会的文化价值""宗教文化与宗教工作"等方面的内容。① 但从某种程度上讲,具有一定的历史局限性,忽略了文化使命的长久性、未来性与世界性的特点,对于文化使命的内容研究外延显得过于宽泛,内容存在泛谈而不具体的问题。第二,将文化使命的研究内容聚焦在文化建设上。有学者将其归为三方面内容:一是在全社会范围内,存在着文化的多样性,执政党要统领全社会多样性的文化和谐发展,形成价值观多元之间包容共处的和谐文化氛围;二是基于"社会主义文化繁荣昌盛"的发展图景,使命之实现需要精神主心骨——社会主义核心价值观的思想引领,进而促进社会主义先进文化的发展;三是将文化使命与执政党文化建设紧密相连,强调在与时俱进中促进中国共产党自身的文化发展。② 在该学者看来,中国共产党在社会主义新时期肩负的文化使命与"文化建设"并无本质差别,这需要我们进一步对文化使命与文化建设进行学理上的澄清。第三,从文化使命的指向性视角进行理解,文化使命的重任在于文化强国的建设。有学者指出,文化使命需要真正实现中华文化的创新性发展,不断激活全民族文化的创造力,在创造力提升的进程中找寻社会主义文化发展的动力之源。③

关于文化使命研究的价值意义。当代中国文化使命问题的研究是牢牢掌握本民族文化命运的重大战略需要,是进一步推动我国文化繁荣、发展和进步的现实所需。第一,从广义的空间维度来讲,当代中国文化使命具有一定的"世界性"意义。这种世界性意义主要是指中国的文化使命为世界上其他国家担负文化使命提供独具特色的中国方案。有学者认为主要有四个方面:一是基于理论传播视角看,要充分发挥和巩固"马克思主义"这一重要理论在整个人类文明发展史上的重要地位和作用,特别是要使"当代中国马克思主义"持续不断地焕发出真理的光芒,将其传播到世界各个角落,最大限度

---

①　周熙明、李文堂:《中国共产党的文化使命》,江苏人民出版社 2006 年版,第 57—77 页。

②　曹泳鑫:《中国共产党人文化使命研究》,上海人民出版社 2011 年版,第 68 页。

③　胡宝平:《中国共产党人新的文化使命》,《中共南京市委党校学报》2017 年第 6 期。

地发挥其作用和价值。二是基于政党建设视角看，为世界上其他国家践行文化使命提供切实可行的中国式方案，切实提升政党的文化领导权、文化引领力等；三是基于国家发展视角看，文化使命彰显了中国新形象——特别是国家的文化形象和中华民族的民族形象，转变其他国家和民族对中国固有的片面性认知；四是基于国际交往的视角看，文化使命是以倡导惠及全人类的"共同价值"为基本纽带，夯实人类命运共同体的人文基础。① 通过分析以上研究视角，较为全面地概括了当代中国文化使命的世界意义，对本研究具有一定的参考价值。第二，从横向的时间维度上来分析，当代中国的文化使命具有鲜明的时代性意义。具体而言，中国的文化使命不仅包含人们对美好生活向往的精神需要，还包括了实现民族复兴中国梦、为世界贡献中国智慧，这都彰显了中国文化使命的世界性特点，将全人类的福祉纳入到自己的使命职责当中。② 第三，从实践层面来把握中国的文化使命，凸显出来的是其独特的现实意义。首先，从党自身建设方面来看。有学者认为，中国共产党正是在认识并自觉践行历史使命的过程中，确立了其在文化领域当中的领导地位。文化使命与历史使命具有内在的同一性，文化使命内在地反映了中国共产党的历史使命。而文化使命本身具有其特殊性，在一定程度上能够促进了思想认识统一和巩固意识形态阵地。因此，学者们认为新时代肩负并践行新的文化使命，既是提高党自身执政能力的现实所需，更是文化领导力提升的目标手段。③ 其次，从发展社会主义文化来看，有学者指出，中国要想为人类做出更大的贡献需从中华优秀传统文化中找寻文化根基④，可以说，文化使命与民族复兴相互融通，践行党的文化使命能够为民族复兴积蓄精神力量。还有学者认为首先应担当起中国共产党的文化建设使命，由党自身延伸到整个社会层面，就是肩负起推进"社会主义先进文化"建设的使命，进一步向外拓宽领域，逐步形成推动"整个中华民族文化"发展的使命任

---

① 杨侠楠、张波：《新时代中国共产党文化使命的世界意义》，《延边大学学报（社会科学版）》2020年第2期。
② 张波、杨侠楠：《中国共产党文化使命的生成逻辑和时代意义》，《理论探讨》2019年第3期。
③ 杨瑞琴：《建党百年来中国共产党的文化使命探析》，《理论建设》2021年第1期。
④ 胡宝平：《中国共产党人新的文化使命》，《中共南京市委党校学报》2017年第6期。

务。① 由此，可以看出中国的文化使命，无论是对于中国共产党的发展，还是对于整个国家、民族，乃至世界来说都具有重要的意义。

（2）关于文化使命的发展历程研究

任何一个理论的形成，都有其特殊的发展历程。那么中国的文化使命也有一定的发展历程，我们通过从整体上对中国文化建设方面的资料梳理、归类划分和总结。可以发现，在现有的文献当中并没有明确地提出过关于中国文化使命发展历程的文献，这也预示着为今后的研究留置了一定的发展空间。我们将试图从文化建设的发展历程当中，来考察中国文化使命的探索历程。关于"文化发展历程"的思考，多数学者赞同并沿用着史学家的划分依据，认为党的文化发展历程包括新民主主义革命时期、社会主义革命和建设时期、改革开放以来的中国共产党文化建设等阶段。需要指出的是，中国的文化使命所呈现出的阶段性特征，在不同的历史时期具有不同的使命，学术界对此有着不同的观点和看法。学者们考虑到各阶段的使命内容的差异性，将文化使命的发展历程进行以下具体划分：第一，关于中华优秀传统文化的发展历程。有学者认为，新中国成立 70 年多来在对待中华传统文化的态度发生了历史性的变迁，主要经历了 1949—1956 年批判改造、1957—1978 年逐步僵化、1979—2012 年拨乱反正与批判继承、十八大以来的传统文化的创造性转化与创新性发展四个阶段。② 随着新中国的成立，文化建设发生了新的转向，特别是对待传统文化的认识上于曲折中发展、探索中成熟。有学者认为这一发展历程可细化为批判与继承、曲折与调适、拨乱与恢复、肯定与发展、强化与成熟阶段五个阶段，新时代在对待中华优秀传统文化需在"双创"机制的基础上发力并实现新突破。③ 这种划分与前面所提到的"双创机制"具有一致性，可以说观点基本达成了一致。第二，引领社会主义先进文化的发展历程。有学者认为，自中国共产党诞生以来，各个历史时期的

---

① 曹泳鑫：《中国共产党人文化使命研究》，上海人民出版社 2011 年版，第 190 页。
② 吴增礼、肖佳：《中国共产党对待中华传统文化的态度变迁及基本经验》，《湖南大学学报（社会科学版）》2021 年第 1 期。
③ 王栋、史倩：《中国共产党弘扬中华优秀传统文化的百年历程与经验》，《中国党政干部论坛》2021 年第 2 期。

文化建设与发展阶段，都证明了党领导文化建设的关键作用。正是在党的正确领导下，才能够形成具有中国特色的文化形态。[①] 第三，文化治理方面的发展历程。立足不同时期的文化治理方略，诸多学者结合史料史事对文化建设进行了较为全面的历史考察，提出在文化治理中凸显了从改造到建设再到改革的发展之路，体现着"文化兴国"到"文化强国"战略转向。[②] 对中国文化建设发展历程的梳理，将有助于我们进一步厘清中国文化使命的探索历程。

（3）关于实现文化使命的路径研究

学者们根据文化使命的内容，从不同的研究视角出发来探讨实现文化使命的路径问题。第一，从文化自觉、文化自信到文化自强的跃迁中把握建设进路。文化自觉是对本民族文化的价值理念、文化的地位和文化的作用等方面有着较为深刻的认识与价值认同，也体现在对多元文化的包容态度及"去粗取精"的理性取舍和逻辑判断上，并最终落实在对应肩负的文化使命的主动担当上。[③] 不难理解，文化自觉所表现出来的是对本民族的文化传统的认知和认同，对自身文化有着清楚的认知是文化自信的一个基本前提，这是从认知心理层面来理解的文化自觉，也是新时代践行文化使命的重要指向。[④] 总的来说，秉持本民族的文化自觉事关国家文化的振兴与繁荣，事关民族文化的根脉赓续，更决定着一个民族或政党的未来和命运。其次，通过文化自觉来构筑文化自信。"文化自信"不同于道路自信、理论自信，这种文化上的自信突出强调的是社会成员对本民族文化，特别是对自己国家文化理念和精神的认同及坚定的信心，是一个民族自信力的最高表现，是文化归属感和国家安全感的集中体现。有学者认为，担负起"新的文化使命"的关键就是要对文化的高度自信，这种文化主要是指中国特色社会主义文化。[⑤] 有学者

---

① 徐稳：《论中国共产党引领先进文化的历史进程与基本经验》，《山东师范大学学报（人文社会科学版）》2013 年第 3 期。

② 李萍、李增添：《中国共产党文化治理方略的历史探索》，《广东社会科学》2020 年第 5 期。

③ 杨建义：《论中国共产党人的文化自觉》，《福建师范大学（哲学社会科学版）》2013 年第 3 期。

④ 王永贵、尤文梦：《习近平关于文化建设重要论述的四个向度》，《江苏社会科学》2020 年第 6 期。

⑤ 胡宝平：《中国共产党人新的文化使命》，《中共南京市委党校学报》2017 年第 6 期。

进一步指出，文化自信与优秀传统文化的传承、革命精神的赓续、社会主义核心价值观的培育等紧密相连。① 文化自信是实现中华民族真正强起来的重要保障，是中国获得国际话语权的必然要求，也是凝聚民心的重要因素。最后，以文化自强之路助推文化强国战略。有学者认为，要想成为具有世界影响力的文化强国，中国必须肩负起自身的文化使命：于政党而言，重申共产党人的"以人民为中心"的价值理念，修好共产党人的心学，牢记党的初心使命；于国家向度而言，以核心价值观汇聚人心、达成认同，进而筑牢信仰根基；于世界维度来看，"文化共同体"具有同呼吸、共命运的世界意义，以中华文化的价值理念为世界文明发展贡献中国智慧。② 第二，完成文化使命任务需要从增进主体意识、增强时代意识和使命意识的理路出发。一是主体意识方面。文化使命需要合格的主体来实现，其主体意识强调要充分认识文化繁荣兴盛之主体在人民，重点体现在将文化发展与激发人们的创新创造活力紧密结合上。③ 也就是说，能否调动广大人民参与文化建设关系到文化使命任务的完成。二是时代意识是深刻把握使命要义的必然。这表明文化使命在推进理路和践行进路中融入与时俱进的时代要求，适时调整使命任务和指向内容。④ 三是使命意识则体现在中国自觉地认识到近代以来中国文化走向的问题，并且致力于解决我国文化发展的问题，以踔厉奋发的进取之姿和笃行不怠的践行之态推动新时代我国文化的创新发展。⑤

（4）关于践行文化使命的经验启示研究

新中国成立以来，将国家的发展同"中华文化命运"紧密相连。梳理中国文化建设的探索与发展历程，为我们践行文化使命任务提供了宝贵经验。第一，正确处理传统与现代的关系问题上，善于运用中华优秀传统文化凝心聚力的基本经验。历史和实践都证明，马克思主义是中国治国理政的指导思

---

① 张远婷：《中国共产党践行文化自信的路径选择》，《学校党建与思想教育》2020 年第 2 期。

② 张城：《新时代中国共产党的文化使命》，《理论视野》2020 年第 6 期。

③ 沈壮海：《文化建设的主体意识、时代意识和使命意识》，《人民论坛》2017 年第 36 期。

④ 胡宝平：《中国共产党人新的文化使命》，《中共南京市委党校学报》2017 年第 6 期。

⑤ 杨瑞琴：《建党百年来中国共产党的文化使命探析》，《理论建设》2021 年第 1 期。

想，而传统文化是我们的根和魂，不能因为马克思主义是指导思想而将其舍弃。这方面的经验主要包括：一是始终坚持马克思主义对于文化建设的"理论引领"，深入挖掘中华优秀传统文化中符合时代发展的"核心价值"思想，推动传统文化"双创"发展。二是始终坚持以人民为中心，尊重群众人民群众的首创精神，调动广大人民群众的积极性，保持中华优秀传统文化凝心聚力的活力。三是始终围绕正在做的事情，尊重文化发展规律，提升运用中华优秀传统文化凝心聚力的能力。① 第二，引领社会主义先进文化的基本经验。有学者认为，先进文化的引领需要把牢牢把握住文化的领导权，重点突出文化决策的时代性和创新性，面对新情况、新挑战要对文化决策进行及时调整，不断夯实先进文化的传播阵地建设。② 第三，践行文化使命的基本经验。有学者从四个维度进行了阐释。一是始终坚持马克思主义的指导地位，用马克思主义理论来引领文化建设工作；二是将"以人民为中心"的宗旨贯穿于社会主义文化建设的全过程，真正把"为人民服务"作为文化使命的价值旨归；三是紧贴时代是推动文化蓬勃发展之要，并强调文化发展进路的合规律性和客观性；四是始终保持使命意识和危机意识。③ 第四，塑造国家文化形象的经验。有部分学者从国家顶层设计的层面进行分析研究，精准塑造国家文化形象，明确文化使命的持久性和艰巨性，突出中国共产党使命担当的未来指向；要始终坚持人民的主体地位，以人民为中心凝聚最大的价值公约数，塑造"以人为本"的国家文化形象；注重国际交流对话，以"大国担当"的文化自觉性，力求讲好讲实中国故事，积极向世界展现新时代中华文化的魅力。④ 第五，中国文化建设的历史经验。从领导能力方面来看，有学者指出，我国文化建设的关键核心在于坚持党的领导。也就是说，文化建设的过程中要不断提升党的文化领导能力，这也是从党的领导能力建设方面来

---

① 许慎：《中国共产党运用中华优秀传统文化凝心聚力的百年实践与经验》，《思想教育研究》2021 年第 1 期。

② 徐稳：《论中国共产党引领先进文化的历史进程与基本经验》，《山东师范大学学报（人文社会科学版）》2013 年第 3 期。

③ 杨瑞琴：《建党百年来中国共产党的文化使命探析》，《理论建设》2021 年第 1 期。

④ 杨曼曼、沈壮海：《新时代中国国家文化形象塑造：意义、问题与策略》，《社会主义核心价值观研究》2018 年第 6 期。

探讨文化建设问题；从思想引领力方面来看，一以贯之的使命担当源于对马克思主义指导思想的始终坚持，这种科学的理论为社会主义文化建设提供科学的理论引领；要从国家发展的战略层面思考文化建设的长远规划；要坚持文化建设的价值立场，将一般性的价值规则转化为具体的建设行为；要强调文化领域的制度法规建设，为文化建设提供必要而充分的法制保障。[①]

（5）对国内当代中国文化使命研究现状的简要述评

目前，学界主要围绕"文化使命"这一主题展开研究，取得了一系列阶段性成果。回顾、梳理、分析文化使命研究的成果，不仅有利于把握学界相关研究的基本动态，还可以发现研究中存在的不足，为本书的撰写提供一定的学理基础和宝贵的经验启示。

第一，尚需从政治高度厘清和把握核心概念和基本内涵。"文化使命"是当代中国文化使命研究的核心概念，但就目前学界的研究来看，对其内涵尚待进一步明晰。一是有些研究虽然冠以"文化使命"之名，但并未真正直接明确的揭示其内涵。二是有的研究虽然探讨了文化使命的内涵和内容等问题，但由于对中国文化使命的核心或者实质认识上存在很大分歧，如文化使命的内涵是否等同于文化使命的内容，抑或文化使命是否就是文化建设等，造成人们对文化使命认识上的混乱。立足新时代，文化使命与初心使命具有内在的同一性，决定着中国在文化领域的使命担当。从这样的政治高度来理解中国文化使命内涵，揭示中国文化使命的实质就变得尤为重要。

第二，尚需从多维度进行整体性的深化研究。在学界现有研究成果的基础上，坚持以中国文化发展史和建设史为纵轴、以中国与世界其他国家文化的异同分析为横轴，来进一步探讨完成文化使命任务的合理路径。聚焦新时代社会主要矛盾之变，从整体上来把握我国文化发展的基本国情，推动我国文化治理现代化。回顾百年征程，需要系统全面地把握中国文化使命的发展脉络。在此基础上，进一步深化对当代中国文化使命之新特点、新要求、新举措方面的研究，深刻总结出社会主义文化发展的基本规律。当代中国的文化使命是由理论逻辑、历史逻辑、实践逻辑等逻辑要素及其关系共同形塑

[①]　何利娜：《百年大党文化建设的历史经验及现实启示》，《理论月刊》2021 年第 2 期。

的，尚需从多维度整体性视域下探讨文化使命生成的各种具体逻辑及其关系，以构建系统化的理论体系。

第三，尚需创新研究方法实现多学科协同互动。关于当代中国文化使命的研究，超越了单一学科的研究边界，已呈现为党史党建、历史学、文化学等多学科交叉研究的新趋势。在现有的研究成果中，多数成果局限于从政治学、文化学学科的原理与分析框架进行研究，研究者的知识背景基本上属于政治学和文化学领域。因而，尚需借鉴文化学、历史学、政治学、哲学、党的建设等学科的分析视角，推动交叉学科研究。

（二）国外研究现状

对于"文化使命"这一课题，国外学者大多则聚焦文化场域的宽泛研究，且基本从文化价值与作用的视角出发加以探究。通过对国外著作的梳理总结，其文化研究的重点内容在政治、经济和社会三个方面。具体内容如下：

一是政治领域中文化的价值考察。其中有代表性的人物是马克斯·韦伯，他尝试从"宗教"文化的向度来分析资本主义的缘起和发展进路，他充分肯定了文化特别是资本主义新教文化对人们的正向促进作用，客观上促进了当时资本主义发展。在韦伯看来，文化尤其是新教的文化内核对西方政治发展起着积极正向的推动作用，对新教伦理的遗弃即是享乐主义的源起。[①]对此，丹尼尔·贝尔则直接点明了，政治领域当中的文化存在着固有的"个性化"独创性和反制度化精神——单纯的经济冲动力，这也成为社会前进的唯一驱动力，这样资本主义也就无法为人们提供工作和生活的终极意义。[②]在这点上，贝尔和韦伯的观点基本一致，他们都认为文化在政治领域有着极其重要的作用。此外，他们对资本主义现代文化进行了批判性的研究，特别是对一些普遍存在的现代文化现象和文化行为有着较为深入的意义解读和动

---

① ［德］马克斯·韦伯：《新教伦理与资本主义精神》，马奇炎、陈婧译，北京大学出版社2012年版，第27—38页。

② ［美］丹尼尔·贝尔：《资本主义文化矛盾》，赵一凡、蒲隆、任晓晋译，生活·读书·新知三联书店1989年版，第12—18页。

机分析。

二是经济领域中文化的作用研究。国外学术界重点围绕技术和消费两个层面展开了较为深度而细致的研究。一方面，从技术的视角出发谈文化的经济作用，提出了文化工业理念。在《启蒙辩证法》一书中，霍克海默和阿尔多诺看到了文化工业的"伪善"，指出资本主义文化所擘画的愿景不过是"文化工业作为大众欺骗的启蒙"，重点探讨和分析了资本家借助强大的"资本"来实现对文化工业技术的操控，以此来榨取普通大众的剩余价值。① 另一方面，是从消费视角研究文化的经济作用。丹尼尔·贝尔认为，在资本主义社会当中，一旦经济起到了主宰的地位，那么文化商品化的趋势也会变得越来越严重。② 对此，霍克海默和阿多诺则认为，文化消费的实质就是文化娱乐化，以娱乐至上的理念影响消费者思想，指出劳动的外延必将是资本主义的娱乐，两者的完美结合必然导致了文化腐化和知识的娱乐化。从这点上看，文化以娱乐的形式呈现在世人面前，并通过消费粉饰文化作用，不仅不能满足人们个性化的需求，还将人的个性抹杀掉。

三是社会领域中文化的影响力研究。这一领域，国外学者基本沿着人的存在、社会发展、文明冲突等方向展开探讨。雅斯贝斯高度关切人的存在，认为人应当超越自身、摆脱虚无，回归人的实在和价值。雅斯贝斯主张教育不能把人培养成机器或者工具，而是要培育全面完善的人。③ 按照他的理解，文化在社会领域中的作用，需聚焦人的全面发展，而不是附属于资本社会的理性工具。同样，在亨廷顿的《文化的重要作用：价值观如何影响人类进步》一文中，我们可以看到文化在社会领域当中的重要作用。亨廷顿大胆地提出，世界将以"文化"划线的理论观点，文化认同产生了各国间、民族间、地域见的分合与冲突模式，认为人民之间最大的区别就是文

---

① ［德］霍克海默，阿道尔诺：《启蒙辩证法——哲学断片》，渠敬东、曹卫东译，上海人民出版社 2006 年版，第 107—108 页。

② ［美］丹尼尔·贝尔：《资本主义文化矛盾》，赵一凡、蒲隆、任晓晋译，生活·读书·新知三联书店 1989 年版，第 18 页。

③ ［德］雅斯贝斯：《时代的精神状况》，王德峰译，上海译文出版社 2013 年版，第 20—34 页。

化的区别。① 在亨廷顿看来，国家间的利益与文化价值观密切相关，也就是说，文化上的差异性和共性都会影响到国家的利益观。在某种程度上讲，亨廷顿所提出的文化观点对于理解冷战后的国际世界秩序有一定的启示意义。

此外，在文化作为西方国家推行霸权主义和强权政治这一层面上，论述西方政党在文化领域当中推行文化帝国、文化殖民和文化霸权的成果却极为丰富。一是批判帝国主义国家运用思想意识形态方面的专家和现代化传播技术手段"将落后国家西方化"的文化使命，文化帝国主义是当代帝国主义对外扩张的一种新形式，它是资本主义政治、经济扩张的延伸，是对广大第二、第三世界的文化殖民。二是深刻揭露西方政党文化使命的真实意图，西方国家在资本逻辑和技术逻辑共同作用下推行其所谓的文化使命，文化全球化实质上是美国的霸权地位在全球的反映。三是现代资本主义社会中的文化工业对人产生的消极影响，先进技术的统治，变相地剥夺了批判意识的发展，并使人在异化中丧失了独立的判断能力，失去了个性和自由。资本主义社会中的文化发展呈现出技术理性的张扬和价值理性的遮蔽等现实性问题，为新时代中国共产党的文化使命提供了理论镜鉴。

综上所述，国外学者乃至学术界对文化的相关研究给予了极大的关注，并进行了多视角、跨领域的分析与探究。不难看出，西方发达资本主义国家凭借其强势地位加强了对外的价值输出与文化扩张，企图以影视剧、图书等文化产品形式大搞意识形态输出，向世界宣扬西方的价值观。与此同时，西方国家借助于强势的"媒介帝国"，即强大的互联网体系的开放性，不遗余力地宣传各种非马克思主义的思想意识。基于此，我们在对中国文化使命问题的研究过程中，应当注意和考察整个人类文化发展的一般规律，通过对比研究法，分析文化使命在我国的现代化进程与在西方现代化进程中的差异，考量文化使命在现代化进程中的现实价值，以期为我国的文化发展提供可资借鉴的理论参考。

---

① ［美］塞缪尔·亨廷顿：《文化的重要作用：价值观如何影响人类进步》，程克雄译，新华出版社 2010 年版，第 10 页。

三、研究的主要内容、方法及创新之处

本书坚持以马克思主义视野为基本分析框架，把"初心使命"作为当代中国文化使命研究的逻辑起点，以"文化使命"为核心概念，从政治高度上来把握当代中国文化使命，运用文献分析法、历史研究法、比较研究法、跨学科研究法等方面，力求阐明当代中国文化使命生成的理论逻辑、历史逻辑、实践逻辑等逻辑及其关系，以期构建关于文化使命的系统化理论体系。

（一）研究的内容

本书在基础学理研究层面探讨当代中国文化使命的科学基础和探索历程，首先厘清文化使命的相关概念，即从"文化、使命、文化使命、中国共产党的文化使命"这些基本概念出发，通过概念框架的形式重点探讨当代中国文化使命的基本内涵。从"经典马克思主义"到"中国化马克思主义文化"的理论维度，探究当代中国文化使命的理论基础。从历史逻辑来看，从近代以来中华民族艰难曲折的多元历史谱系出发，综合定位当代中国文化使命生成的内在历史坐标。在此基础上，探讨当代中国文化使命的现实境遇、基本内容以及完成这一使命应采取的基本路径，属于现实与实践研究部分。具体研究内容包括以下六个部分：

第一章，关于文化使命的学理阐释。围绕"是什么"的研究指向，立足于"中国特色社会主义进入新时代"这一重大论断，阐释当代中国文化使命的基本学理问题。其一，基于"文化使命"这一核心范畴，分别从文化学、政治学、人类学以及马克思主义使命型政党的视角予以界定。其二，从阶级属性、指导思想、价值理念、奋斗目标等多维视角，分析和界定中国文化使命科学内涵、时代特征。其三，厘清文化使命与"初心使命"的关系。

第二章，关于当代中国文化使命的理论基础。其一，唯物史观视角下的马克思主义文化观，深刻揭示了文化的本质和文化发展普遍规律，为中国的文化使命奠定了理论根基。其二，在百年奋斗的征程中，着眼于中华文化走

23

向何处的问题，形成了一系列具有中国特色的文化理论，为当代中国的文化使命提供了重要的理论来源。其三，中华优秀传统文化中蕴含着丰富的智慧资源，探究其在建构过程中所凸显的深层价值意蕴和独特精神力量，为当代中国的文化使命提供深厚的文化滋养。

第三章，关于当代中国文化使命的发展历程。当代中国的文化使命根植于"站起来——富起来——强起来"的伟大历史演进之中。本研究围绕不同历史时期"党和国家的中心任务"对文化使命展开研究，主要包括新民主主义革命时期、社会主义革命和建设时期、改革开放和社会主义现代化建设新时期以及中国特色社会主义进入新时代的文化使命，在动态的历史演进过程中，揭示出当代中国文化使命的阶段性特征、总结历史经验。

第四章，关于当代中国文化使命的现实境遇。坚持"以马克思主义为指导，坚守中华文化立场，立足当代中国现实"为实践原则，把"满足人民日益增长的美好生活需要"作为价值归旨，以"举旗帜、聚民心、育新人、展形象、兴文化"为实践导向，探究中国文化使命生成的实践逻辑。其一，基于矛盾之变，探讨如何坚守文化初心，不断丰富人民的精神世界，增强实现中华民族伟大复兴的精神力量。其二，基于科技之变，研究如何推动社会主义精神文明和物质文明全面发展，实现由文化大国向文化强国的飞跃。其三，基于世界格局之变，研究如何提升中华文化影响力，增强国家文化软实力，完善国家文化使命的顶层设计。

第五章，关于当代中国文化使命的主要内容。一是开展"思想入心"的培根铸魂工作。牢牢把握识形态领导权高举新时代鲜明旗帜，巩固信仰之基和补足精神之钙，真正把马克思主义的精神信仰筑牢以塑新时代之魂，筑牢共产主义的理想信念。二是构筑中华民族共有精神家园，为人们提供良好的文化生态、优质文化产品，进而增强人们精神层面的幸福感和获得感。三是培育勇于担当文化使命的时代新人，凝聚力量赓续中华文化，为实现文化强国贡献力量。四是要尊重文明多样性促进世界文明交流互鉴，积极参与世界文明对话超越文明隔阂，在世界舞台上全面展示新时代中华文化新姿态。

第六章，关于当代中国文化使命的践行理路。围绕"怎么做"的研究指向，坚持"中国共产党的全面领导"，以"增强本领建设"作为立足点，探讨当代中国文化使命的践行理路。内容包括：文化领导能力建设、文化建设能力、文化创新能力建设，文化国际传播力建设，不断深化践行文化使命的整体性认识。

（二）研究的方法

本书对当代中国文化使命问题进行系统研究，主要运用文献分析法、历史研究法、比较研究法、跨学科研究法等研究方法。

1. 文献分析法

本书建立在对大量相关文献收集整理，并进行系统全面的分析研究基础上展开的。一方面，搜集和整理了建党百年来有关中国文化建设方面的政策和文件，特别是十八大以来，习近平总书记关于文化使命的重要讲话和论述；另一方面，梳理和归纳中国共产党对社会主义文化建设与发展等相关问题的学术研究成果。

2. 历史研究法

本书以中国共产党的百年发展历程为主线，对重大的历史节点进行分析，系统梳理当代中国文化使命的生成的历史逻辑。通过这种研究方法，探索中国共产党带领中国人民艰辛探索民族文化复兴之路，自觉地肩负起在文化领域当中的使命任务。当代中国的文化使命根植于中华民族站起来、富起来到强起来的伟大历史演进之中，其历史源头在于中国近代的"文化救国"。通过历史研究方法，来探索党的百年奋斗史与文化使命的内在联系，总结我国文化建设和发展的基本规律、基本经验，探索完成当代中国的文化使命的合理路径，提供一定的历史依据和理论参考。

3. 比较研究法

本书立足两个维度综合运用比较研究方法，即运用共时性与历时性的比较方法。本文围绕中华民族曲折探索、踔厉奋发的历史谱系，聚焦党文化使命生成的历史坐标，比较分析了近代以来国家在各时期各阶段的文化使命。具体而言，全面考查不同历史时期文化使命的基本内容、方法和举措等方面，尝试从不同的时代背景、发展阶段、践行举措等视角对党的文化使命进行全面系统研究，力求清晰地展现当代文化使命之"新"，构建出科学合理的实现路径。

4. 跨学科研究法

关于当代中国文化使命问题的研究涉及多个学科知识。文化使命是马克思主义使命型政党的重要使命之一，其研究不仅涉及了党史、党建学科，还涉及了其他学科。本书试图借鉴政治学、文化学、社会学和历史学等学科，从整体上来实现对当代中国文化使命问题的综合研究。例如，从党的百年发展史的角度出发，系统全面的把握文化使命的发展脉络；从政治学角度来分析，文化使命是中国共产党这一使命型政党所独有的特质，彰显出中国共产党自觉地责任担当和使命意识；从文化学角度分析我国文化发展的国情，探讨当代中国文化使命的现实境遇问题，等等。

（三）创新之处

本书立足当代，注重以问题为导向，科学回答文化使命的中国之问、世界之问、人民之问和时代之问，在一定程度上以期推进马克思主义文化使命理论研究的创新。本书以"文化使命"为核心概念，在选题、研究视角、研究内容以及研究方法上具有一定的新意。

第一，在选题方面具有一定的新意。从目前能够掌握的资料来看，学界从总体上对"当代中国文化使命"展开研究的学术成果还不多见。党的十九大报告中提出"新的文化使命"，由于提出的时间较为晚近，因而目前的研究成果较多为理论宣传性文章，且在研究上呈零散分散特点。本书从学理性和整体性上对该问题进行系统而深入地研究，力图在推进当代中国文化使命的理论研究上有所贡献。

第二，在研究视角方面具有一定的创新性。本书从初心和使命的政治高度来把握和分析党的文化使命，将其作为自身初心和使命的一种具体体现。进一步揭示由党自身独特本质和奋斗目标所决定的文化使命提出的必然性。从学理研究层面，厘清文化使命的相关概念、分析文化使命与初心使命的内在关联；在实证研究层面，梳理文化使命的历史脉络与现实境遇；在对策研究层面，从加强本领建设方面来探究完成当代文化使命任务的合理路径。这对于深入理解初心使命与文化使命的关系问题具有一定的价值意义。

第三，在研究内容方面有一定的新意。本书立足当代，以马克思主义为指导，以社会主要矛盾为现实基点，将文化使命置于国家发展战略的高度，力求清晰地展现当代中国文化使命的内容。当代中国文化使命不仅源于对人民、民族和国家的责任，还来自对世界及全人类的责任，指明文化使命是一项为实现中华民族伟大复兴培根铸魂的艰巨任务。从历史发展的脉络来看，中国在不断地探索社会主义文化发展道路、与时俱进地推动社会主义文化理论创新、不断进行文化使命的顶层设计。从实现路径来看，本书从社会主义文化建设出发，重点研究文化领导能力、创新能力、建设能力以及国际传播能力。当代中国秉持着舍我其谁的、胸怀天下的文化使命担当，为构筑人类文明新形态贡献中国力量。从这个层面来看，对于从总体上把握当代中国文化使命理论的内容具有一定的启发意义。

第四，在研究方法上具有一定的新意。本书借鉴多学科理论、知识和方法对新的历史方位下文化使命展开综合研究。当代中国文化使命的研究重点学习和借鉴了马克思主义理论学科的其他二级学科最新理论成果和研究方法，如党史、党建学科。例如，从党的百年发展史的角度，梳理中国文化使命的发展脉络，探索党的百年奋斗史与文化使命的内在联系；在研究过程中合理借鉴了社会学、党史学等领域的学科理论。比如说，从政治学角度来理解和分析中国的文化使命，指明"文化使命"是马克思主义使命型政党的一个鲜明特质；从文化学角度分析我国文化发展的国情，探讨当代中国文化使命的现实境遇问题，等等。因而，从整体上对当代中国文化使命问题进行综合考查，这些研究方法的掌握有助于推进学科交叉研究。

四、研究意义

本书力图构建当代中国文化使命的逻辑体系，科学分析当代中国文化使命的现实境遇，探究文化使命的践行理路，拓宽研究领域，将有助于形成马克思主义文化使命的系统理论。从马克思主义整体性视野下，研究当代中国文化使命问题具有重要的理论意义和现实意义。

（一）理论意义

第一，助建文化使命理论。本书对当代中国的文化使命进行了深入的研究，研究内容不仅涵盖了文化使命的科学基础、发展脉络、现实境遇，还包括文化使命的基本内容和实现使命的合理路径等方面。从文化使命的科学基础、发展历程以及现实境遇等内容着手，系统地阐释了当代中国文化使命的主要内容。本研究从马克思主义的视野出发，探究当代中国文化使命生成的理论逻辑、历史逻辑和实践逻辑等逻辑及其相互关系，力图构建当代中国文化使命的逻辑体系，将有助于形成马克思主义文化使命的系统理论。

第二，推进交叉学科研究。文化使命问题的研究不仅涉及了党史、党建学科，还涉及其他学科（如政治学、文化学、社会学和历史学等）。本书运用马克思主义的基本原理与方法，综合运用历史学、文化学、政治学、传播学等多学科的研究方法，深化对当代中国文化使命问题的研究，将有助于拓展学术研究视野，推进学科交叉研究。

第三，固本体开辟新领域。本书通过系统梳理文化使命的理论成果，特别是习近平总书记关于文化使命的重要论述，继续深挖与提升；以当代为研究视域，科学分析中国文化使命的现实境遇，探究中国文化使命的践行理路，拓宽研究领域。

（二）现实意义

立足当代，中国共产党和中国人民肩负起"新的文化使命"，这既是时代转场下推进"文化强国"的主体自觉，更是牢牢掌握本民族文化命运的重大战略需要。本书对当代中国文化使命问题进行深入研究，可以更好地解决我国文化发展中面临的深层次矛盾和文化发展的现实难题，为实现中华民族伟大复兴培根铸魂、凝心聚力，为更好地肩负文化使命建言献策。

第一，弘扬使命精神。当代中国所担负的文化使命是一种自觉的、神圣的使命担当。这种庄严的使命必然要向社会主义文化建设层面转向，增进人民对社会主义文化的深层认可和价值认同，切实提升人民推动文化发展进步的参与度和主动性。本书以"文化使命"为核心概念，探究中国共产党百年奋斗征程中的文化使命，呈现出"文化救国""文化立国""文化兴国""文化强国"的文化使命图谱，逐步深化对中国文化使命的发展历程研究，将有助于弘扬一以贯之的文化使命担当精神。

第二，推动文化发展。当代中国文化使命有着独特的价值意蕴，不仅聚焦于中华文化的复兴，还将世界文化的发展方向与人类命运的未来走向作为关注的焦点。当代中国必然要担负起"满足人民美好生活的需要"的使命任务，这是为人民谋幸福的使命型政党的根本所在。同时，可以为中华文化走向世界开渠辟流，为人类文明贡献中国智慧，有助于彰显中国胸怀天下的文化使命担当，助推中华民族文化的复兴。

第三，可供多方参省。当代中国文化使命研究，是对建设社会主义文化强国的时代回应，是牢牢掌握本民族文化命运的重大战略需要。立足当代，中国文化使命正在面临着全新的发展境遇。从国际局势上来看，西方发达国家通过技术资本加紧对全球文化的控制，新媒体的出现使世界文化得到广泛传播。从国内形势来看，在践行文化使命过程中不仅面临着文化发展的不平衡不充分、多元文化与一元主导文化之间相互碰撞、网络意识形态阵地的争夺等问题的现实挑战。本书通过对当代中国文化使命问题的研究，可以为巩固国家文化安全、提升国家文化软实力、实现文化强国等提供一定的理论支撑和对策参考。

第一章 当代中国文化使命的科学基础

本章主要对当代中国文化使命基础学理问题展开研究。第一步就在于正确的解题与破题，即什么是文化？什么是文化使命？文化使命是在什么样的时代背景下出场的？当代中国文化使命的科学内涵是什么？本章的主要目标就是要分析解决这些问题，通过概念框架的形式、探讨当代中国文化使命的前提性问题，试图揭示当代中国文化使命的科学内涵，把握当代中国文化使命的鲜明特征，为后面的研究奠定理论基础。

一、文化使命的学理阐释

文化使命是将使命的现实场域指向了文化领域，文化使命并非"文化"与"使命"两个概念简单机械的相加形成的。在本质上，中国作为负责任的大国，必然要肩负起文化使命的重任。对当代中国文化使命问题进行研究，需要首先对"文化"和"使命"的概念有一个的正确的认识和理解，这是我们进行理论研究的必要前提。

（一）关于"文化"的概念分析

"文化使命"是本文研究的核心概念。"文化使命"并不是"文化"和"使命"语义上的简单叠加，而是具有明确意旨的基本范畴。要科学界定和把握文化使命的概念，首先从马克思主义文化理论的视角对"文化"这一概念进行分析。习近平总书记指出，"文化是民族生存和发展的重要力量"①。这一重要论断，表明了文化对于一个民族的发展来说起着至关重要的作用。在当代话语体系中，"文化"这一术语的演变有着非常复杂的历史，并且在不同的研究领域具有不同的含义。

1. 文化的词义

在西方国家中，最初是从词源上来理解"文化"这一概念。也就是说，"文化（Culture）"的最初含义是从农作物的培育（cultivation）及动物的饲养中引申的（由此而有农业的含义）。随着时间的推移，这一同样的意义也被转换为对人的心智的培养，指人的品德和能力的培养。在我国现代汉语当中，"文化"一词又是怎样注解的呢？在《新编汉语辞海》中可以找到较为完整的解答，书中对"文化"一词做出了四种解释：一是指在人类社会历史发展进程所创造出来的一切物质和精神财富的总和，其范畴指涉人类生活的各个方面；二是特指与物质文化相对的精神财富或者观念文化，这种精神文化主要体现在科学、教育、文学、语言、艺术等文化领域中的实践活动等；三是指基于考古学意义上的特定历史时期，具有共性特征的遗迹、遗物的综合体，比如河姆渡文化、玛雅文明、仰韶文化等；四是泛指与文化相关的一般性知识、语言和文字的运用能力。② 国内学者根据这一解释，对文化概念进行了分层，可以将文化一词归纳为三层基本含义：从本体论的角度出发来理解文化，它是指人类对自然创造物的超越，体现的是人类本质的对象化。也就是说，当人作为文化创造的主体时，文化的研究常常指向的是人本身。通过对文化本体论的阐释，我们不难发现，人类的发展历史进程从本质上来看它所呈现的正是一部人类文化的发展史；从认识论的角度来说，文化是指人们对客观世界包括自然界和人类社会有意识有选择的改造，在这种实践过程在所创造出来的文化，简单地说就是文化景观、文物，抑或是文化著作等；从方法论的角度可以把文化理解为，对文化的专门性研究。这种关于文化的专门性研究就是我们通常所讲的"文化学"，它是对客观文化现象研究，

---

① 《习近平关于社会主义文化建设论述摘编》，中央文献出版社 2017 年版，第 5 页。
② 路丽梅、王群会、江培英：《新编汉语辞海》，光明日报出版社 2012 年版，第 1378 页。

并在此基础上总结出文化发展的一般规律、总结出研究文化的一些方法和原则的一门理论的科学。但是，也有学者认为文化并非是一个名词，其中的"化"是动词，是教化的意思。也就是说，文化具有"化人"和"人化"的双重使命。文化强调的是人文教化的思想作用，是区别于暴力征服的另外一种"软性"的统治或治理手段。①

2. 中西方学者对文化的界定

在中国传统文化语境当中，《周易·象传》中记载："刚柔交错，天文也。文明以止，人文也。关乎天文，以察时变；关乎人文，以化天下。"②我们首先从最基础的字面意义来理解这段表述，一是"文"字，它所代表的是纹理；二是"化"字，它象征着变易、生成和造化等。这里的"文化"主要包括天文和人文两个方面。简单来讲，"天文"就是天上的文章，古人通过观察"天"所显示的文章来理解四季变化的自然规律。而"人文"则是指人类的文化，特指人类纷繁复杂的人际关系。在传统文化观念中的人际关系主要指涉君臣、父子、夫妇、兄弟等，观察人类的文化与文明就可以达到教化成就天下万物目的。从治国者的角度来说，一方面要通过观察天文明晰四季时序之变，另一方面又要洞察人文、以文教化，使官员、百姓能够遵从文明礼仪，以此来实现自然界和人类社会的和谐统一。梁漱溟则认为"文化"就是吾人生活所依靠之一切。意在指示人们，文化是极其实在的东西。文化的本义，应在经济、政治，乃至无所不包。③不可否认，我们所处的生活世界当中离不开文化，但这种把文化视为无所不包的抽象存在所涉及的范围过于广泛，以至于在研究的过程中会抓不住重点。我国著名学者张岱年先生则认为，文化并非静态，而是一个动态的系统，在文化系统内部主要包含了三个层面：第一层是思想、意识、观念，等等。其中最重要的是价值观念和思维方式两个方面。第二层主要是指文物，也就是说这种文物即表现出来的是文化的实物，这种"物"作为文化的一种载体，既包括像哲人写的著作、文学家所创作的文学艺术作品这类"物"，还包括通过科学技术物化形态的

---

① 周熙明、李文堂主编：《中国共产党的文化使命》，江苏人民出版社 2006 年版，第 19 页。
② 《周易》，杨天才、张善文译注，中华书局 2011 年版，第 207 页。
③ 梁漱溟：《中国文化要义》，上海世纪出版股份有限公司 2011 年版，第 7 页。

"物"，即人工智能所改造过的物质。第三个层面是指"条例规矩"，这些条例和规矩是人们在日常生活中所形成的思想观点的凝结与升华。也就是我们通常所说的社会制度、风俗、习惯等。① 可以说，学界对于文化的这种解释达成了基本的共识。毛泽东同志则运用唯物史观的基本原理来探讨文化本体论问题，指出"一定的文化是一定社会的政治和经济的反映，又给予伟大影响和作用于一定社会的政治和经济。"② 这一文化概念较为系统地将文化与政治、经济联系起来，深刻地剖析了文化产生的来源和依据。这将有助于更好地理解文化的功能、作用以及在社会历史中的地位。

由于文化本身有着复杂性和特殊性，西方学者基于不同的研究视域对文化进行了界定。我们首先要谈到的第一位西方著名学者是泰勒，他将文化定义为，"包括了知识、信仰、艺术、道德、法律、习俗和人作为社会成员所获得的任何其他能力和习惯。"③ 这是学界广泛认可的经典定义之一。雷蒙德·威廉斯从文化的发展过程出发，指出文化不仅是一种艺术及艺术活动，还是一种特殊生活方式的符号，并且文化还有着独特的发展过程。④ 特里·伊格尔顿则将"文化"理解为一个精神与智力发展的过程、一整套完整的生活方式。⑤ 他们对于文化的定义，大体上持一致的观点，都有一定的具体指向性，但也有所区别。然而，在艾略特看来，文化是"一个民族整体的生活方式，从出生到死亡，从早到晚，甚至在睡梦之中"⑥。那么，艾略特的观点则从"自由"的本性出发，把文化也看作是一种贯穿民族发展始终的自由之物，也就是说在其看来，文化表征着一种社会无意识。显然，这种文化概念显得过于宽泛，而不利于我们去把握文化的实质内涵。有学者将研究视角转向了符号学。文化哲学家卡西尔创造性地提出了，文化是人的所有物，而

---

① 张岱年、程宜山：《中国文化论争》，中国人民大学出版社 2006 年版，第 4 页。
② 《毛泽东选集》第 2 卷，人民出版社 1991 年版，第 663 页。
③ Edward Burnett Tylor，*The origins of Culture*，New York：Harper and Row，1958，p1.
④ ［英］阿雷恩·鲍尔德温等：《文化研究导论》，陶东风等译，高等教育出版社 2004 年版，第 4—6 页。
⑤ ［英］特里·伊格尔顿：《论文化》，张舒语译，中信出版社 2018 年版，第 1 页。
⑥ T. S. Eliot，*Notes towards the Definition of Culture*，London：Faber&Faber，1948，p. 31.

这两者之间的桥梁则是"符号",那么在这一过程中,人是文化的主宰者。[①]沿着卡西尔的逻辑理路,"人——文化——符号"三者间紧密相连、相互联系,关键是人赋予文化以特定的符号价值。斯宾格勒则从生命有机体的视角来看待文化并将其定义为,文化在实现自身本质中以生命的象征方式而生成或创造,文化的发展必然亦同活的生命一般呈现出有机的发展过程。[②] 可见,斯宾格勒只看到了文化作为一个生命有机体由生到死的过程,却没有看到生命有机体内的基因和血液。一个民族发展过程中对于文化基因的继承。显然,不同的学科视角对文化的定义也是不同的,问题的关键在于通过这些学者对文化界定,进一步揭示出文化的特征或内在的本质规定。

3. 文化概念的小结

基于以上对文化定义的初步探讨,可以看出学者们对文化概念有着诸多的界定,对文化元理论问题进行了比较系统深入的研究,对文化概念的界定呈多样化的发展态势,这充分说明了文化是一个相当复杂的综合体系。然而,我们的研究不能停留在这种无所不包的语境当中,而是应该将文化具体化。一是从广义的视角来理解文化,主要是指与"自然"相对的概念,即从人类区别于动物的类特性而言,表现出来的是人的生命活动的基本规定性。换言之,人在改造客观物质世界的进程中所创造的一切物质成果和精神成果,它体现的是一种对人本身和外部自然的持续改造,使人脱离原始状态的桎梏,并在解放进程中实现自我突破。[③] 该范式下的文化,不再囿于物质文化和精神文化的简单分类,还具体涵盖了行为文化和制度文化等内容。不难看出,立足多维视野来综合考量文化的范畴,最大限度地阐释了"文化"的本意及其外延,有效避免了对"文化"概念过于简单或机械化的理解。二是从狭义的视角来理解文化,主要特指物质生活之外的精神文化、精神现象、精神生活,包括宗教、习俗、社会思想、教育、文学等,其核心和实质是"价值观"。[④] 那么,在本研究中所探讨的文化,在理论研究上多数是指精神层

[①] [德]卡西尔:《人论:人类文化哲学导引》,甘阳译,上海译文出版社 2013 年版,第 12 页。
[②] [德]斯宾格勒:《西方的没落》第 1 卷,吴琼译,上海三联书店 2006 年版,第 32 页。
[③] 张岱年、程宜山:《中国文化论争》,中国人民大学出版社 2006 年版,第 3 页。
[④] 李春华:《文化生产力与人类文明的跃迁》,中国社会科学出版社 2016 年版,第 29—30 页。

面的，在实践探索中所指涉的则是具体的文化政策、方针、制度等范畴。

（二）关于"使命"的概念分析

"使命呼喊担当，使命引领未来。"① "使命"一词具有很强的政治色彩，常常出现在政治生活当中。那么究竟何为使命呢？

在中国传统的文化语境当中，并没有关于"使命"的完整表述，只能通过文化经典来探寻使命的内涵。可以说，使命有其特殊的发展进程。首先我们来对"命"进行解析，在中国古代社会当中，很早就记载了关于"天命"的概念。其中，孔子和孟子就是主要的代表人物，他们在不同的场合多次谈到了"立命""正命"。孔子曰，"五十而知天命"，孟子言，"尽其道而死者，正命也"。孔孟所谈及的"天命""正命"，恰恰体现了儒家学派的共同精神，这种精神源于对命运决定权的把握。可以看到，能动性的充分释放得益于个人奋斗目标的信念、自知自觉的充分把握。唯有此，方能在艰难险阻中把握其主宰的必然，自觉地担负对自己未来发展的一种使命。可以说，"立命"是"使命"得以产生的一个前提。在古汉语中，"使命"是指使者奉命出行，也是臣奉君之命要去国外执行特定的任务。在现代汉语中，"使命"主要是指"使者所接受的命令，多比喻重大的任务"。② 现在我们通常所说的"使命"则泛指严肃的抑或是神圣的重大责任，是值得付出毕生精力乃至生命的任务。在马克思和恩格斯看来，"作为确定的人，现实的人，你就有规定，就有使命，就有任务……这个任务是由于你的需要及其与现存世界的联系而产生的。"③ 这个边界既取决于主观的能力和选择，也取决于环境的需要和制约，这两个方面决定着使命的内在规定性。使命对于承载者而言有着不可估量的重要作用，它不仅规定了个体的生存发展，还规定了一个政党会成为什么样的政党。

"使命"有其发展的历程，经历了由最初的确立、践行及最终实现的过程。从实践层面来讲，使命不同于理想、抱负，不是一个纯主观的东西，而

---

① 《十九大以来重要文献选编》（上），中央文献出版社 2019 年版，第 13 页。
② 路丽梅、王群会、江培英编：《新编汉语辞海》，光明日报出版社 2012 年版，第 1200 页。
③ 《马克思恩格斯全集》第 3 卷，人民出版社 1960 年版，第 328—329 页。

是有一定的客观限定条件。"使命"受一定的客观条件限定，反映着使命承载者在重大责任或任务面前的担当意识，是主体自觉的实践选择的过程。使命的达成与否，主要受双重因素的影响，即实践主体的能动性与外部的客观环境。从哲学层面来讲，"使命"的这一发展过程，充分体现了这个主体（个人或政党）存在的长期目标和对社会、历史甚至是世界的价值意义。"使命"不仅是一种庄严的承诺，更是主体价值的最高体现。

从政治层面来讲，"使命"更倾向于指"政党使命"，意味着使命既包括当前阶段赋予的重大任务，还涵盖着本民族或阶级对以往历史时期的反思、再认识以及未来指向的判断和期许，揭示出政党执政的基本原则和思路。[①]政党使命既表明了政党的自觉担当，也表明时代所赋予的特殊使命。换言之，从承载者的视角来理解使命，自觉性、内在性、牢固性以及神圣性俨然是其内具的天然属性。因此，我们将"使命"概括总结为：由特定主体在一定历史阶段，或外界推动或内在自觉中认识到自身所应承担的责任与任务，持续确立、不断实现的过程。同时，这种使命在一定程度上能够得到社会成员的普遍认同，反映使命承载者通过一系列举措达成使命任务与完成自我发展的双重任务的过程。

显而易见，使命作为一种对重大任务的责任担当，对执政党而言尤为重要。中国共产党作为马克思主义使命型政党，我们可以从中国共产党自身的政党特质与执政理念中探寻这种"使命"。十八大以来，习近平总书记在政治报告和讲话中多次谈及使命，比如有"初心和使命""历史使命""文化使命""政治使命""宪法使命"等。其中，文化使命是中国共产党人首次提出自己初心使命的时刻正式出场，是其重要的使命之一。

（三）关于"文化使命"的概念分析

文化使命是诠释当代中国文化使命的后置性概念，分别对"文化"和"使命"这两个概念分析，是我们进一步分析"文化使命"的基本前提。但文化使命并不是"文化"和"使命"两个概念的简单叠加，而是具有特定意

---

① 陈建中：《政党的使命》，中共中央党校出版社 2009 年版，第 4 页。

旨的范畴。下面我们来分析"文化使命"的内涵和特点。

首先是如何界定文化使命的内涵。所谓"使命"是由主体自身的本质属性所使然的责任和担当。这种责任和担当，具体化到不同的领域便生成不同的使命。文化使命是将使命的现实场域指向了文化领域，强调的是主体在文化发展上的责任和义务，是指主体在认识和把握文化发展规律的基础上，肩负起对社会、民族和国家的文化建设和发展的重大任务，深度明确文化发展的建设理路、图景目标、阶段方向等。使命主体践行文化使命旨在解决社会现代化进程中的文化发展问题，把握民族文化发展的前途和命运。文化使命是具有政治属性与精神属性双重意义的具象化概念。从政党层面来考察文化使命，"文化是一个政党对自身价值理性的自我认知，是实现其政治理想的重要途径"[①]。文化使命则体现了一个政党立足当下，对"坚持谁的文化""为谁发展文化""怎么发展文化"这些文化发展所要面临的根本问题的现实考量。也就是说，文化使命的主体通过践行文化使命，意在引领文化的发展方向、创造新文化并推动文化向前发展就其精神属性层面理解，文化使命则专注于人们的"精神世界"的建构，是一种现实生活需求的重要体现——满足人民多样的精神文化需求，促进人的全面发展。

其次是文化使命的外延和特征。文化使命的内涵并不是抽象笼统的，它通过文化使命的外延和特征表现出来。文化使命的外延是"文化使命"这一概念所反映的本质属性的对象的综合，我们可从文化使命的类型出发把握文化使命的外延。划分的标准不一，文化使命的类型也呈现出不同的理解范畴。一是从"文化结构"的层次维度进行区分，文化使命除了物质文化使命和精神文化使命的基本内容，还涵盖制度文化使命和行为文化使命等；二是依据主导因素和所在领域的不同，可划分为政治文化使命、经济文化使命、社会文化使命等；三是依据建设主体的不同，可划分为政党文化使命设、军队文化使命、企业文化使命、学校教育文化使命等；四是依据建设对象的不同，可划分为乡村文化使命、城市文化使命、网络文化使命等。依据实践主体的不同，可以划分多种不同的文化使命。本成果的研究主要是从中国共产

---

① 李春华：《新时期中国共产党文化创新研究》，中国社会科学出版社 2012 年版，第 1 页。

党这一文化主体来阐明其在新时代担负的文化使命。

文化使命因外部环境的长久性、阶段性和承载者的内在规定性，呈现稳定性与可变性的特点。一方面，特定的历史时期有着特定的时代主题和发展的任务，文化使命的最核心的特质就与一定的社会发展阶段紧密相连。也就是说，特定的历史时期就决定了文化使命的内容具有相对稳定性的特点，它对价值目标的确立以及对文化发展有着较为深远的影响。另一方面，当践行文化使命的特定主体发生改变，以及外在客观环境发生变化，文化使命的具体内容、阶段性目标以及发展方向等方面也会产生新的转向。也就是说，随着主客观条件不断变化，如经济发展的变化、时代的不同、主体不同，则文化使命的部分内容也会做出相应的改变。

总之，"文化使命"是在党的十九大报告中首次明确正式出场的，但这并不否认我们从一开始就表明自己的文化使命。值得注意的是，一个国家或政党并非只有一个文化使命，而是具有多重文化使命。

二、当代中国文化使命的学理阐释

不忘初心，方得始终。中国共产党自诞生以来，就自觉地肩负起在文化领域当中的使命任务，领导人民进行革命、建设、改革的过程中，把马克思主义基本原理与中国的具体实践相结合、同中华优秀传统文化相结合，为实现党在不同历史时期的中心任务而不断推进社会主义文化发展与进步，艰辛探索民族文化复兴之路。十八大以来，以习近平同志为核心的党中央带领广大人民群众进行文化领域的实践探索和理论创新，形成了一系列关于文化使命的新思想新论断新理念，为新时代担负起新的文化使命提供了强大的思想武器，有助于我们科学认识和理解当代中国文化使命的科学内涵和鲜明特征。

（一）当代中国文化使命的内涵界定

立足当代，中国文化使命面临着全新的发展境遇。2023 年 6 月 2 日，习近平总书记在文化传承发展座谈会上指出，"在新的起点上继续推动文化繁荣、建设文化强国、建设中华民族现代文明，是我们在新时代新的文化使命。"① 这是习近平总书记关于文化使命重要论述的集中表达，指明了新时代文化使命的内容维度，为我们理解中国文化使命的科学内涵提供了强大的理论支撑。当代中国文化使命作为一个整体性概念，需要从结构性意义上进行分析，包括以下三个层面：

1. 推动文化繁荣发展：满足人民美好生活的精神文化需要

习近平总书记在党的十九大报告中指出，"坚定文化自信，推动社会主义文化繁荣兴盛"，社会主义文化繁荣是中国特色社会主义文化发展的必然结果。中国共产党在新时代担负起"继续推动文化繁荣"的使命任务，强调了我们党对以往社会主义文化建设的充分肯定，同时也强调了中国共产党在新时代要有新的使命担当。进入新时代，我国社会主要矛盾已经转变为"人们对美好生活的需要"同"发展不平衡不充分"之间的矛盾问题，对中国共产党的文化使命提出了新的时代性要求。习近平总书记指出，"必须把人民对美好生活的向往作为我们的奋斗目标，既解决实际问题又解决思想问题，更好强信心、聚民心、暖人心、筑同心"②。从新时代人们的美好生活需要的现实向度出发，推动社会主义文化繁荣，就是要为人民提供更多高品质的精神文化产品，切实关注现行的文化建设与人民所需要不相契合或存在缺位等方面的矛盾，特别是不同区域之间的文化产品供给不平衡不充分的现实问题，使不同社会群体的精神文化需要能够得到合理的表达和满足，进一步增强文化自信、凝聚民心、汇聚力量。继续推动文化繁荣，表明"繁荣"是一个动态的发展过程，要结合新的时代发展要求，不断满足人民美好生活的精神文化需要。推动社会主义文化繁荣发展是新时代中国共产党文化使命的具体建设内容，蕴含着对人民美好生活的价值关怀。

2. 建设文化强国：推进中国式现代化新道路的内在要求

在百年奋斗的征程中，中国共产党带领广大人民肩承"文化救国""文

① 习近平：《担负起新的文化使命 努力建设中华民族现代文明》，《人民日报》2023年6月3日。
② 《习近平谈治国理政》第3卷，外文出版社2020年版，第311页。

化立国""文化兴国",再到新时代的"文化强国"的使命任务。党的二十大中指出,"全面建设社会主义现代化国家,必须坚持中国特色社会主义文化发展的道路,增强文化自信,围绕举旗帜、聚民心、育新人、兴文化、展形象建设社会主义文化强国。"① 中国共产党自成立以来就把实现社会主义现代化作为自己的奋斗目标,而社会主义文化的发展问题始终是共产党人孜孜探索的重大问题。中国共产党在推进中国式现代化道路进程中所创造的"人类文明新形态",并非以牺牲其他领域文明进步作为代价,而是超越了资本主义文明的弊病,在坚持物质文明、政治文明、精神文明、社会文明和生态文明协调发展基础上的崭新创造。进入新时代,中国共产党立足于中国的国情,对社会主义文化强国建设进行顶层设计和总体布局,正确处理好社会主义文化建设与经济建设、物质文明与精神文明的关系,不断实现了以公有制为主体、多种所有制共同发展的文化产业格局,不断解放和发展文化生产力,实现物质富足与精神富有在社会主义制度下的和谐统一,为建设社会主义现代化强国提供强大的精神力量。

3. 建设中华民族现代文明:实现中华民族伟大复兴的时代要求

在新时代这一全新的历史方位上,"中华民族迎来了从站起来、富起来到强起来的伟大飞跃,实现中华民族伟大复兴进入了不可逆转的历史进程!"② 。而实现中华民族伟大复兴的中国梦这个目标,我们必须要高度重视文化使命的重要作用。2014年,习近平总书记在文艺工作座谈会上强调,"中华民族有着五千多年的文明史,近代以前中国一直是世界强国之一。在几千年的历史流变中,中华民族从来不是一帆风顺的,遇到了无数艰难困苦,但我们都挺过来、走过来了,其中一个很重要的原因就是世世代代的中华儿女培育和发展了独具特色、博大精深的中华文化,为中华民族克服困难、生生不息提供了强大的精神支撑。"③ 中华民族伟大复兴是中华民族精神的内在表征,而"建设中华民族现代文明"的使命能够为实现中华民族精神上的自立自强提供强大的推动力。建设中华民族现代文明的文化使命与实

---

① 《习近平著作选读》第1卷,人民出版社2023年版,第36页。
② 习近平:《在庆祝中国共产党成立100周年大会上的讲话》,《人民日报》2021年7月2日。
③ 《十八大以来重要文献选编》(中),中央文献出版社2016年版,第119页。

现中华民族伟大复兴的过程是同向的、交互作用的，中国共产党在实现中华民族伟大复兴的进程中不断形塑新的文化使命。中华民族现代文明是我们走向未来的精神资源，缺少对民族原创性文化的继承与保护，民族复兴则无从谈起。从实现民族复兴这一宏大的历史叙事出发，在新时代中国共产党要始终坚守中华文化立场，赓续历史文脉、加强文化遗产保护，推动中华优秀传统文化创造性转化和创新性发展，牢牢把握本民族文化发展的前途和命运，为实现中华民族伟大复兴凝聚精神力量。在迈向第二个百年奋斗目标的征程中，中国共产党更加有能力、有底气肩负起新时代新的文化使命，这是我们坚守初心和使命的题中之义。

在新时代的语境中，推动文化繁荣、建设文化强国、建设中华民族现代文明这三重文化使命之间相互影响、相互促进。回顾中国共产党的百年奋斗征程，中国的文化使命植根于站起来、富起来到强起来的社会主义实践中，呈现出"文化救国""文化立国""文化兴国"到新时代"文化强国"的使命担当。当代中国文化使命深深地扎根于中国大地，始终坚持马克思主义的指导思想，不断开辟马克思主义中国化的新境界，实现中华优秀传统文化的创新性发展和创造性转化，满足人民的精神文化需求，为人民提供精神指引，推动社会主义文化繁荣发展，建设社会主义文化强国，为实现中华民族伟大复兴培根铸魂、为人类文明进步贡献中国力量。

（二）当代中国文化使命的鲜明特征

中国共产党自成立以来，在领导人民解放、民族独立的事业中，彻底改变了中国人民的精神面貌，把创造新文化作为自己的使命之责。党的十八大以来，党中央把握发展阶段新变化，把担负新的文化使命摆在更加重要的位置上，不断深化对社会主义文化建设规律的认识，推动文化繁荣发展，为建设文化强国创造了良好条件。

当代中国文化使命具有鲜明的理论特质，体现了党性与人民性的统一、主观能动与客观遵循的有机统一、守正与创新的有机统一、文化的民族性与世界性的有机统一，这是我们科学认识和理解文化使命的重要前提。

1. 体现了党性与人民性的统一

马克思主义唯物史观认为，文化具有阶级属性，不同的阶级代表着不同的文化使命。中国共产党文化使命是由其根本性质决定的，是其初心和使命的具体体现之一，是其对文化的创造、进步和发展的责任与担当。2013 年 8 月 19 日，习近平总书记在全国宣传思想工作会议上强调，"党性和人民性从来都是一致的、统一的。"① 当代中国文化使命最本质的特征就是坚持党性和人民性的统一。

当代中国文化使命具有鲜明的政治底色。党的十九大报告中指出，"中国共产党从成立之日起，既是中国先进文化的积极引领者和践行者，又是中华优秀传统文化忠实传承者和弘扬者。"② 这一重要论断科学回答了"由谁来担负文化使命"的重大时代命题，突出强调了中国共产党在担负文化使命过程中的政治领导、思想领导、文化引领和组织领导。文化使命坚持党性主要体现在两个方面：一是坚持党的领导，确保我国社会主义文化建设正确方向，坚定社会主义文化发展的政治立场；二是文化使命强调深入贯彻党的理论、路线、方针和政策，坚定不移地推动国家文化事业向前发展。2023 年 10 月 7—8 日召开的全国宣传思想文化工作会议，首次提出习近平文化思想。习近平文化思想是习近平新时代中国特色社会主义思想的重要组成部分，是马克思主义文化观在当代中国的创造性表达，为当代中国文化使命提供了重要的行动指南。立足当代中国文化使命更加强调践行进程中党性的坚守问题，用中华优秀传统文化涵养人民的道德修养，用革命文化提升人们的精神境界，用先进文化形塑人民的价值追求。

我国对社会主义文化建设的发展进行谋篇布局、顶层设计、目标设定等方面总是把人民的利益放在首位。习近平总书记强调，"把实现好、维护好、发展好最广大人民根本利益作为出发点和落脚点。"③ 人民性是新时代习近平关于文化使命重要论述的鲜明立场和核心要义，是中国共产党党性在当代中国文化使命上的集中体现。这一论断表明了中国在践行文化使命过程

---

① 《习近平谈治国理政》第 1 卷，外文出版社 2018 年版，第 154 页。
② 《习近平谈治国理政》第 3 卷，外文出版社 2020 年版，第 35 页。
③ 《习近平谈治国理政》第 1 卷，外文出版社 2018 年版，第 67 页。

中，时刻站在人民立场，时刻牢记人民需要，把人民利益、人民意志和人民心声作为自己制定文化方略、发展战略、具体政策的根本价值导向。中国共产党与中国人民之间是"同呼吸""共命运""心连心"的统一体，中国的文化使命植根于党和人民的血脉之中，共同形塑新时代新的文化使命。

2. 体现了主观能动与客观遵循的有机统一

当代中国能否完成自身所担负的文化使命既需要充分调动主体的使命意识，积极投身到社会主义文化建设中，也需要尊重社会主义文化发展的客观规律。

当代中国文化使命主观能动的彰显。文化使命是将使命的现实场域指向了文化领域。在马克思主义的理论语境中，作为现实的人就会有使命，"这个任务是由于你的需要及其与现存世界的联系而产生的"①，这是依据人的实践活动的对象化来把握文化使命的本质，文化使命有其主体层面的内在规定性。习近平总书记在党的十九大报告中指出，"当代中国共产党人和中国人民应该而且一定能够担负起新的文化使命。"② 这一重要论断科学回答了"由谁来担负文化使命"的重大命题，充分体现了中国共产党人主动担当、敢于作为的精神品格。中国共产党不仅是中国先进文化的引领者和践行者，也是中华优秀传统文化的践行者和弘扬者，充分反映了中国共产党具有其他政党无法比拟的世界眼光和使命担当精神。历史和实践证明，中国共产党的文化使命植根于党和人民的血脉之中，中国共产党是具有高度责任感的马克思主义使命型政党，而作为文化的创造者中国人民具有高度的积极性和主动性。因而，习近平总书记强调"激发全民族文化创新创造活力，建设社会主义文化强国。"③ 中国共产党和中国人民共同形塑新的文化使命，推动文化的繁荣与进步，这正是当代中国文化使命的动力之源。

当代中国文化使命遵循社会生产力发展的客观规律。文化使命并非是一个纯主观的使命担当，而是要受到一定的客观条件限定。只有正确认识社会主义文化发展的一般规律，才能从根本上把握新时代文化使命的路向与定

---

① 《马克思恩格斯全集》第 3 卷，人民出版社 1960 年版，第 328－329 页。
② 《习近平谈治国理政》第 3 卷，外文出版社 2020 年版，第 35 页。
③ 《十九大以来重要文献选编》（上），中央文献出版社 2019 年版，第 29 页。

向。马克思在《＜政治经济学批判＞序言》中指出，"物质生活的生产方式制约着整个社会生活、政治生活和精神生活的过程。"① 在新时代，中国共产党人担负起"文化强国"的使命任务，这是我国生产力发展水平不断提高的一个必然结果。当前，我国文化发展的不平衡不充分日益凸显，人民群众对文化事业和文化产业的发展有了新的需求和新的期待，即包括高质量的文化产品、个性化的需求层次、文化需求的结构不断升级等，这是我们在担负文化使命这一重任中首要关切的问题之一。正如习近平所言，"以前我们要解决'有没有'的问题，现在则要解决'好不好'的问题。"② 当代中国的文化使命是建立在对我国生产发展、社会进步的整体性认识和自觉把握上的，引领社会主义文化繁荣发展与满足人们对美好精神诉求的轨道上良性有序运行。因而，当代中国的文化使命充分体现了主观能动与客观遵循的有机统一，是合乎目的性和规律性的使命担当。

3. 体现了守正与创新的有机统一

守正创新是马克思主义的重要理论品格，"守正才能不迷失方向、不犯颠覆性错误，创新才能把握时代、引领时代"③。守正就是指中国的文化使命牢牢把握马克思主义的指导地位，坚定文化自立自强，创新就是指以科学的态度对待文化使命，以使命担当精神来肩负文化使命，不断赋予文化使命以新的时代内涵。

当代中国文化使命的守正性。守正不是守旧、循规蹈矩，更不是故步自封，而是守住"本"和"源"。我们需要从三个层面来理解中国共产党文化使命的守正性。一是从阶级属性来理解中国的文化使命。无产阶级政党的最终政治目标是要实现"共产主义"，中国共产党的这一阶级属性恰恰反映了文化使命的长远性，这种长久性的使命任务就是"为了实现共产主义文明"。二是从中国共产党的指导思想来看，马克思主义文化理论深刻揭示了文化的本质和文化发展的一般规律，是党推动文化建设的理论根基。中国所肩负的文化使命受世界现代化进程整体推进的影响，但不同于现代西方国家文化发

---

① 《马克思恩格斯选集》第2卷，人民出版社2012年版，第2页。
② 《习近平谈治国理政》第3卷，外文出版社2020年版，第133页。
③ 《习近平著作选读》第1卷，人民出版社2023年版，第16—17页。

展的模式和道路选择。当代中国的文化使命，则是立足于中国这一最大的国情，牢牢把握住马克思主义一脉相承的"脉"不动摇，成功开创了中国特色社会主义文化道路，带领广大人民接续肩承起"文化救国""文化立国""文化兴国"到"文化强国"的使命任务。三是始终坚守"为人民服务、为社会主义服务"的价值归旨。中国共产党作为一个对人民负责任的政党，始终把为人民谋幸福的文化初心牢记在心。中国共产党把人民放在社会主义文化发展的中心位置，总是与时俱进的满足人民的发展要求，这是当代中国文化使命鲜明的政党特色。

当代中国文化使命的创新性。党的十八大以来，以习近平同志为核心的党中央高度重视文化建设，对实现"文化强国"的使命任务进行了总体布局，提出了围绕"举旗帜、聚民心、育新人、兴文化、展形象"来建设社会主义文化强国。2023 年 6 月 2 日，习近平总书记在文化传承发展座谈会上对新时代新的文化使命进行了具象化的表达，即"推动文化繁荣""建设文化强国""建设中华民族现代文明"三重文化使命，并强调马克思主义基本原理同中华优秀传统文化相结合是又一次的思想解放。立足当代，坚持文化使命的理论创新和实践创新，在文化理论创新和实践创新的良性互动中不断根据新的时代要求赋予文化使命以新的时代内涵。只有坚持守正，才能牢牢守住中国文化使命的根本原则不动摇，才能确保中国特色社会主义文化发展道路的前进方向不偏航。

4. 体现了民族性与世界性的统一

当代中国文化使命从来都是局限于本国时空范围内，而是在全球化的世界语境中不断丰富和发展的。在普遍交往的世界图景之中，中国的文化使命不仅仅聚焦于本国人民精神文化的需要、本民族文化的复兴，还将使命延伸到世界各国各民族文化发展的大格局中，放到整个人类发展的历史长河中。从民族性和世界性有机统一的视角来把握中国的文化使命，才能真正展现出当代中国文化使命的完整图景，提炼出中国文化使命发展的内在逻辑，进而揭示出中国文化使命的深层意蕴。

当代中国文化使命的民族特色，体现在对中华优秀传统文化的合理继承与创新发展上。中华优秀传统文化中蕴含着丰富的智慧资源，中国在担负和践行文化使命的过程，就是合理继承并发扬中华优秀传统价值理念的过程，把马克思主义基本原理同中华优秀传统文化相结合的发展过程。在新时代，中国所担负的文化使命承载着全体人民精神生活共同富裕的价值目标，秉承着人与自然和谐共生的文化生态治理理念，奉行着开放包容的文化交流精神等，都充分体现了对"民为邦本""天人合一""和而不同"等中华优秀传统文化价值理念的继承与发展。可以说，这些智慧资源是新时代现实场域下我们党完成文化使命的宝贵资源和有益借鉴。中国在秉持民族性的基础上将文化使命之责向世界性层面拓展。正如习近平总书记所言，"越是民族的越是世界的，解决好民族性问题，就有更强能力去解决世界性问题，把中国实践总结好，就有更强能力为解决世界性问题提供思路和办法。"① 中国在国际舞台上的地位已经发生了根本改变，已跃居成为世界第二大经济体，并且为世界发展的贡献率不断上升。正是从这一意义上，我们可以看出中国的文化使命已经超出一国的范围而对世界产生了深刻的影响，向世界人民诠释了一种崭新的文明交往逻辑，中国式现代化进程中所创造的人类文明新形态，为世界上其他国家的政党践行文化使命贡献中国智慧。

总之，中国的文化使命是其内在本质规定性的外在彰显，表明了推动社会主义文化发展的艰巨任务和使命担当，内在地隐含着中国共产党的指导思想、价值理念，奋斗目标及初心使命等，并通过党的思想路线、方针政策、规章制度等行为组织层面表现出来。在担负文化使命的过程中，坚守文化初心，因"时"而变、因"势"而为的把握国家总体的文化建设和文化发展任务，不断地满足人们的"精神文化需求"，为民族复兴汇聚磅礴力量。

三、文化使命与初心使命的关系问题

2017 年 10 月 18 日，习近平总书记在党的十九大报告中首次提出"文化使命"这一重要概念，表明了中国共产党和中国人民应有的文化自信，也

---

① 《十八大以来重要文献选编》（下），中央文献出版社 2018 年版，第 324 页。

突出强调了中国共产党在新时代所肩负的推动文化繁荣发展的重大责任和艰巨使命。"文化使命"是中国共产党人首次明确提出自己初心和使命的时刻正式出场，我们需要从初心和使命的政治高度来理解中国的文化使命。初心使命与文化使命具有内在的同一性，初心和使命决定着文化使命，文化使命为初心使命提供内在精神动力，在实现中华民族伟大复兴的进程中形塑党的文化使命。

（一）初心使命决定文化使命的内容

习近平总书记在党的十九大报告明确指出，中国共产党的初心和使命就是"为中国人民谋幸福，为中华民族谋复兴。"① 中国共产党的百年奋斗征程，充分展现了中国共产党带领广大人民创造美好生活、追求民族复兴的历史，使人民群众的生活更加美好，更加幸福，使中华民族更加繁荣、更加强盛。从文化使命的视角来看，"不忘初心、牢记使命"正是要使每一位中国共产党人坚定"为人民谋幸福、为民族谋复兴"的政治追求与价值追求，并将其沉淀为中国共产党人所共享的文化信念与集体文化人格。②

1. 为人民谋幸福的初心决定了文化使命的价值归旨

中国共产党为人民谋幸福的初心体现更多的是人们精神层面的幸福感，它表征的是人们内心深处高层次的文化情感。这一"初心"在文化使命上的具体展开，便是以人民为中心的发展思想，满足人民日益增长的精神文化需要。马克思主义认为人是文化的主体，是一种自由自觉的存在。社会主义文化发展只有彻底解决为什么人的问题，才能体现文化使命的真正价值。而文化发展"为了谁"所要回答的，恰恰是中国文化使命的目的论问题。中国共产党人始终把人民的现实利益摆在首位，为人民谋幸福是文化使命的价值归属主体，生动地诠释了共产党人"没有任何同整个无产阶级的利益不同的利益。"③ 中国共产党除了国家、民族、人民的利益，没有任何自己的特殊利

---

① 《十九大以来重要文献选编》（上），中央文献出版社 2019 年版，第 1 页。

② 项久雨：《习近平关于"不忘初心、牢记使命"重要论述的重大意义》，《教学与研究》2019 年第 11 期。

③ 《马克思恩格斯选集》第 1 卷，人民出版社 2012 年版，第 413 页。

益，这是党自身的价值选择。一个永葆活力的使命型政党，总是要与时俱进的满足人民的精神文化发展要求。反之，如果在践行文化使命过程中脱离人民，那么党就会失去民心，也必然不会完成人民所赋予的使命任务。立足当代，中国作为一个负责任的大国时刻把满足"人民精神文化"的需求作为自己使命担当，坚守"为人民服务、为社会主义服务"的根本政治立场，不断激发出人民的创造力，使不同社会群体的"精神文化"需要得到合理的表达和满足。当代中国的文化使命只有与人民群众的现实需要同频共振，才能不断铸就中华文化新辉煌。

2. 为民族谋复兴决定了文化使命的目标指向

中国的文化使命与国家和民族命运休戚与共。2021 年 7 月 1 日，习近平在总书记在庆祝中国共产党成立一百周年大会上指出，"一百年来，中国共产党团结带领中国人民进行的一切奋斗、一切牺牲、一切创造，归结起来就是一个主题：实现中华民族伟大复兴。"① 实现中华民族伟大复兴是中国共产党人的历史使命，不仅涵盖了经济、政治、社会、科学技术等方面的复兴，更为深层的是实现中华民族文化的复兴。中华文明绵延不断 5000 多年，在人类历史上曾取得过辉煌的成就，为人类文明进步做出了不可磨灭的贡献。近代以来，西方的坚船利炮使得中国被迫打开国门，中国变为半殖民地半封建社会，国家蒙难、民族蒙辱、文明蒙尘，人们的精神家园遭到了严重的破坏。无数仁人志士进行了尝试和探索，但最终没能找到救国的良药。中国共产党的诞生，彻底改变了中国的命运。中国共产党在马克思主义思想的指导下，把实现民族复兴、人民幸福作为自己的历史使命，带领广大人民进行革命、建设和改革的伟大探索，取得了举世瞩目的成绩。实现民族复兴是中国共产党和中国人民最伟大的梦想，实现民族复兴为党的文化使命提供了根本的目标遵循。一言以蔽之，中华民族伟大复兴的战略全局，勾画了当代中国文化使命的理想图景。21 世纪的中国，勇于担当起弘扬中华优秀传统文化，创造中国特色社会主义新文化，为实现中华民族伟大复兴培根铸魂，为人类文明进步贡献中国力量的时代责任。

---

① 《习近平著作选读》第 2 卷，人民出版社 2023 年版，第 477 页。

3. 为世界谋大同决定了文化使命的世界视野

立足当代，身处在百年未有之大变局和中华民族伟大复兴全局的中国，不断拓展和延伸自己的文化使命之责。中国共产党人的初心和使命蕴含着"为世界谋大同"，体现了中华民族的独特品格。当前，世界多极化、经济全球化、文化多样化深入发展，全球治理体系加速变革，世界各国、各地区都紧紧地联系在一起。从放眼世界的角度来看，文化在综合国力竞争中的作用越来越突出，文化越来越成为民族凝聚力的重要源泉。中国古代的先贤曾多次提出"天下大同"的思想理念，它已深深地融入民族的文化基因。在共产主义运动中蕴含着"兼济天下"的崇高理想追求，"为世界谋大同"把全人类的福祉都纳入自己的目标范畴。为世界谋大同，就其本质而言是要实现全人类的解放，实现人的自由而全面的发展。这恰恰是包括中国共产党人在内的全世界共产党人一贯坚持并为之奋斗的最高理想和最终目标，因此也是从根本上影响着当代中国文化使命的发展方向。不言而喻，"为世界谋大同"体现着中国对整个人类文明进步的现实关切，是中华民族自身发展的现实需要，是中国共产党人"胸怀天下"政治品格的重要体现。中国作为最大的发展中国家要为世界文化的发展做出应有的贡献，肩负创造人类文明新形态的使命担当，在同其他国家和民族交流的过程中彰显世界胸怀。

（二）文化使命为实现初心使命提供精神力量

2014年10月，习近平总书记在文艺工作座谈会上强调，"没有先进文化的积极引领，没有人民精神世界的极大丰富，没有民族精神力量的不断增强，一个国家、一个民族不可能屹立于世界民族之林。"[①] 当代中国所肩负的文化使命能够为实现初心和历史使命提供强大的精神力量。

1. 满足人民的精神文化需要以增强人民的精神力量

当代中国文化使命秉持着"以人民为中心"的价值准则，具有鲜明的人民性特征。进入新时代，我国社会主要矛盾已经转化为"人民日益增长的美

---

① 中共中央文献研究室编：《习近平关于社会主义文化建设论述摘编》，中央文献出版社2017年版，第7页。

好生活需要"和"不平衡不充分的发展"之间的矛盾。这就要求新时代文化发展要以满足人民美好精神文化生活新期待为使命，切实解决文化领域存在的发展不平衡不充分问题，从精神文化层面做到为人民谋幸福。面对新时代人民的精神文化需要，我们党通过一系列的体制机制改革，特别是完善文化管理体制机制，完善公共文化服务体系，加强文物保护利用和文化遗产保护传承，健全现代文化产业体系和市场体系等方面取得了突出的成绩，实现了精神文化产品的有效供给，为人民提供更加丰富、更加优质的精神食粮。切实保障人民的文化权益，真正满足人民的美好精神文化需求，为人民构建了有序的、良好的精神世界，进一步增强了中国人民的精神力量。只有扎根于人民、服务于人民，中国的文化使命才能获得生命力和吸引力。

2. 推动文化繁荣发展为实现民族复兴汇聚磅礴力量

中华民族伟大复兴是中华民族精神的内在表征，而文化使命能够为实现中华民族精神上的自立自强提供强大的推动力。在实现中华民族伟大复兴的历史进程中，中国共产党人清醒地认识到"中华民族文化复兴"是最根本的精神支撑。实现中华民族伟大复兴不仅仅依靠经济实力、科技力量等硬实力，更在于国家文化软实力的实质性提升。2013年11月，习近平总书记在山东考察时的讲话中强调，"一个国家、一个民族的强盛，总是以文化兴盛为支撑的，中华民族伟大复兴需要以中华文化发展繁荣为条件。"① 文化是民族的精神记忆，中华民族有着五千多年的文明史，蕴含着博大精深的中华文化。当代中国肩负起推动社会主义文化繁荣的使命任务，能够为中华民族克服困难提供强大的精神力量，真正实现从文化层面谋求中华民族伟大复兴。一言以蔽之，中国只有着眼于传承中华优秀传统文化、弘扬社会主义革命文化和坚持社会主义先进文化为根本前进方向，守护好人们的精神家园，培育人民的文化信仰，方能为民族复兴汇聚磅礴力量。

3. 建设中华民族现代文明为世界文明贡献力量

中国特色社会主义进入新时代，中国共产党领导的中华民族现代文明，

---

① 中共中央文献研究室编：《习近平关于社会主义文化建设论述摘编》，中央文献出版社2017年版，第3页。

能够为世界文明贡献中国力量。中国式现代化建设中传承发展中华文明，是中国共产党人以充分的历史主动精神将现代社会主义文明与中华传统文明相结合从而建设中华民族现代文明的生动体现。[①] 当代中国肩负起建设中华民族现代文明的使命任务，中华民族现代文明不是别的什么文明，而是社会主义新文明。换言之，建设中华民族现代文明超越了西方资本逻辑框架下的文化使命，它是以科学社会主义价值观为引领，强调物质文明、政治文明、精神文明、社会文明和生态文明的协同推进、共同发展，从而实现人与人之间、人与自然之间矛盾的最终解决的新文明形态。在价值目标上，中国共产党人始终坚持放眼世界、胸怀天下，以构建人类命运共同体、弘扬全人类共同价值为文化使命的目标。在交流方式上，强调世界文明之间"美美与共"，即文明对话、文明交流来取代文明冲突、文明隔阂。人类社会在发展进程中所遇到的重大问题和危机，就其本质而言，都是关涉到文化价值观问题，都要从文化层面找到问题破解的答案。中华民族现代文明将成为新时代中华民族文化自信最深厚的底气。从文化使命的高度，中国科学回答了历史之问、时代之问、世界之问、人民之问。这种使命之责，不仅能够为世界其他国家践行文化使命提供中国方案，还能为人类文明进步贡献中国力量。

（三）文化使命和初心使命相辅相成

当代中国的文化使命与初心和使命具有直接同一性，初心使命为文化使命指明方向，文化使命中蕴含初心使命，为初心使命提供强大的精神力量。在百年奋斗的征程中，中国的文化使命呈现出"文化救国""文化立国""文化兴国"到新时代"文化强国"的使命图谱。当代的文化使命与以往的文化使命是一脉相承又与时俱进的内在关系，中国肩负起对社会、民族和国家的文化建设和发展的重大责任与担当。中国的文化使命与初心使命的关系表现为以下几个方面：

---

① 陆卫明、王方伟、于晶晶：《论中国式现代化赓续发展中华文明的精神内涵与价值意蕴》，《西安交通大学学报（社会科学版）》2023 年第 12 期。

第一，从大历史观的视角来理解文化使命与初心使命之间的关系。大历史观是贯通历史、现在和未来，彰显连续性的思维方法。[①] 只有深刻把握源远流长的历史连续性，才能科学理解和把握中国共产党的文化使命与初心使命二者之间的关系问题。当代中国文化使命植根于站起来、富起来到强起来的伟大历史进程中。习近平总书记强调指出，"中国特色社会主义文化，源自于中华民族五千多年文明历史所孕育的中华优秀传统文化，熔铸于党领导人民在革命、建设、改革中创造的革命文化和社会主义先进文化，植根于中国特色社会主义伟大实践。"[②] 立足当代，中国在赓续文脉、推动社会主义文化繁荣发展、铸就中华文化新辉煌，不断开辟马克思主义中国化时代化的新境界的过程，就是为实现中华民族伟大复兴提供强大的精神力量，就是为满足人民精神需要有所作为，就是为人类文明进步贡献中国力量的历史责任。迈向第二个百年奋斗目标的征程中，中国以历史主动精神积极推动历史发展进步和人类文明进步，提出了文化使命的路线图和时间表。

第二，从本体论的视角来解读文化使命与初心使命之间的关系。本体论所探究的问题主要是关于世界的本源或基质的哲学理论。历史唯物主义从"主体"方面去理解"对象、现实、感性"，从而紧紧抓住了客观存在的现实世界。回顾中国共产党的百年奋斗历程，可以发现中国共产党之所以能够历经艰难困苦而不断发展壮大，并且取得辉煌的成绩，很重要的原因就是一以贯之的文化使命担当精神。历史和实践证明，中国文化使命具有鲜明的民族特色、时代特色和人民特色。习近平总书记指出，"中国共产党从成立之日起就把建设民族的科学的大众的中华民族新文化作为自己的使命。"[③] 这种使命，既是文化使命，也是政治使命。中华民族伟大复兴的战略全局，勾画了当代中国文化使命的理想图景。立足当代，如何更好地满足人民美好生活的"精神文化需求"，有效发挥文化的引领价值、凝聚人心的重要作用，迫

[①] 王双印：《习近平文化思想形成的大历史观逻辑》，《深圳大学学报（人文社会科学版）》2023 年第 6 期。

[②] 《十九大以来重要文献选编》（上），中央文献出版社 2019 年版，第 29 页。

[③] 习近平：《在中国文联十一大、中国作协十大开幕式上的讲话》，人民出版社 2021 年版，第 2 页。

切需要我们肩负起为实现民族复兴培根铸魂的使命任务。

第三，从价值论的视角来阐明文化使命与初心使命之间的关系。中国作为世界上最大的发展中国家，带领广大人民群众担负新的文化使命的过程中，在目标和过程两方面坚持了历史唯物主义的科学价值指向。一方面，中国的文化使命始终坚持共产主义的远大理想，把"人的自由而全面"的发展作为文化使命根本的价值定向；另一方面，中国作为负责任的大国，始终坚持人民群众是历史创造者的基本原则。在践行使命过程中，充分发挥人的现实主体性，坚持"以人民为中心"的使命逻辑，超越西方"资本逻辑"。中国的文化使命是以人民群众为主体，深化实现文化育人功能，拓展文化使命的生活化与大众化的空间，从"为人民服务"到把"满足人民的精神文化需要"，不断增强人民的幸福感、获得感。

第二章　当代中国文化使命的理论基础

从理论溯源出发，是把握当代中国文化使命这一命题的关键所在。本章从经典马克思主义到中国马克思主义发展的历史线索出发来探究中国文化使命生成的内在理论密钥。马克思主义经典作家在分析"现实的人"的社会实践过程中，在对资本主义生产关系的批判性分析以及对人的自由全面发展的理想图景中内在地包含着文化使命的基本原则，为中国文化使命奠定了理论基础。中国共产党在百年奋斗的征程中，着眼于中国文化发展的现实问题，形成了一系列具有中国特色的文化理论，这是文化使命的重要理论来源。中华优秀传统文化中蕴含着丰富的智慧资源，成为当代中国文化使命的文化基因。当代中国文化使命即马克思主义以及中国化马克思主义文化理论指导和运用的结果，也是对中华优秀传统文化融通生成的结果。

一、科学理论根基：马克思主义经典作家的文化理论

一般而言，我们在马克思、恩格斯的经典著作能够发现关于意识、精神、意识形态、文化、文明等方面的重要表述，但却很少能够找到关涉"文化使命"这一概念的直接性表述。文化是人类社会发展的重要组成部分，马克思主义作为人类社会发展的科学理论，文化使命不可能游离于其视野之外。基于马克思主义理论分析框架，关于"文化使命"的阐释，主要是从"现实的人"出发，探究无产阶级政党内在规定的文化使命，阐释文化使命的人本意蕴。

（一） 马克思恩格斯的文化观

从马克思主义辩证唯物主义和历史唯物主义出发，对文化使命问题进行理论省察与现实审视。无产阶级文化使命是立足于"现实的人"的社会实践，侧重于对资产阶级文化使命的批判与审视，最终落脚于自由全面发展的人本归宿。

1. 承认人的存在是实践活动的根本前提

文化使命立足于"现实的人"的社会实践。马克思主义唯物史观的出发点是"现实的个人"，这是我们考查文化使命论题的基础方法论支撑。马克思恩格斯深刻揭示出，"全部人类历史的第一个前提无疑是有生命的个人的存在"[1] 马克思和恩格斯从"现实的人"的实践活动过程中出发加以历史地考查人类文化发展，超越了黑格尔所建立的"绝对精神"的抽象理论框架，实现了从"抽象思辨"到"客观事实"的最为根本的转换。如果仅仅从观念的而非现实的人出发去把握主体所担负的文化使命，便会陷入唯心主义的陷阱。在马克思主义的理论语境中，依据人的实践活动的对象化来把握文化使命的本质，作为现实的人就会有使命，"这个任务是由于你的需要及其与现存世界的联系而产生的。"[2] 社会文化中的一切社会关系和客观存在都是围绕人的实践活动而展开，文化使命的达成既有赖于人的自由自觉的活动加以推进，又同社会物质生产实践密切相关。历史唯物主义的基本原理告诉我们，人民群众是推动文化发展的根本力量源泉，既是文化使命的主体，又是文化使命的担当者、更是文化使命的积极践行者。一个政党肩负什么样的文化使命，说到底就是要彻底解决文化发展为什么人的问题，这肩承文化使命的真正价值所在。中国共产党的文化使命不是纯粹的抽象理论研究，而是要真真切切地对"现实的人"给予关照。因而，文化使命是"现实的个人"不断拓展的文化对象范围与文化活动空间，在使命担当过程中确证着人的本质力量。

---

① 《马克思恩格斯选集》第 1 卷，人民出版社 2012 年版，第 146 页。

② 《马克思恩格斯全集》第 3 卷，人民出版社 1960 年版，第 328—329 页。

2. 文化与经济的相互作用

文化使命是历史的、具体的，是由特定的历史条件所决定。马克思强调指出，"人们的社会存在决定人们的意识。"[①] 在马克思恩格斯的理论语境下，社会存在（经济基础）会对思想意识、观念以及文化（上层建筑）等产生一定的影响。文化使命总是在一定社会的政治和经济背景中形成的，是这个社会的政治和经济在观念上的反映，与这个社会的政治理论和经济理论一起揭示这个社会的主要矛盾及其发展变化，表征随着社会发展变迁人们主要的精神文化诉求。在马克思主义看来，客观的物质条件将会对社会文化产生影响的决定性因素，但它也并非唯一的因素。文化使命的发展必然要受经济条件抑或是社会主要矛盾变化的影响。但与此同时，文化渗透在社会生活和实践的方方面面，它是从更深层次上制约和影响政治经济活动。我们所谈及的文化使命并不总是依赖于经济抑或是政治，而是有其自身发展的相对独立性，但独立不意味着绝对的孤立，它依然与经济基础共生于同一的有机机体之内并在其各要素间耦合互动，彼此之间相互影响、相互产生作用。这也进一步表明，文化使命的完成必然要受到一定的物质条件影响，并且在践行文化使命的过程中也会对经济发展起到一定的作用。因而，主体能否完成自身所担负的文化使命既需要充分调动主体的使命意识，积极投身到文化建设中，也需要尊重文化发展的一般规律。

3. 无产阶级侧重于对资产阶级文化使命的批判与审视

在马克思主义看来，文化具有一定的阶级属性，"统治阶级的思想在每一时代都是占统治地位的思想。"[②]。在阶级社会中，由于不同的阶级在生产关系中所处的地位不同，生活状况及生活条件不同，从而会形成不同的思想意识和内在需要等，这种不同的意识和需要必然要在文化使命上反映出来。在共产主义的运动当中，无产阶级始终在同资产阶级做斗争，不仅是政治层面的斗争，还包括文化领域的斗争。作为统治阶级的资产阶级政党总是"赋予自己的思想以普遍性的形式"[③]。马克思对资本主义所创造的现代文明社

---

① 《马克思恩格斯选集》第 2 卷，人民出版社 2012 年版，第 2 页。
② 《马克思恩格斯选集》第 1 卷，人民出版社 2012 年版，第 178 页。
③ 《马克思恩格斯选集》第 1 卷，人民出版社 2012 年版，第 180 页。

会有所辨析，在肯定资本逻辑促进了人类文明发展的历史进程的同时，也深刻揭露了资产阶级文化使命的极端伪善和野蛮本性。资产阶级的文化使命是围绕着"资本增值"而展开的，人民是否能够享受资本主义文明的成果，则被排除在资本逻辑之外。在资本逻辑的推动下，物质世界的极大丰富同人的世界的贬值成正比，人们的精神文化生活走向其反面，自由个性的受到压抑。与此同时，资产阶级以非正义的方式履行其文化使命，对殖民地国家进行剥削和压迫。在马克思看来，英国资产阶级所要完成的文化使命是极具破坏性的，"不仅破坏了本地的公社，摧毁了本地的工业，夷平了本地社会中伟大和崇高的一切，从而毁灭了印度的文明。"① 马克思深刻洞察了资产阶级文化使命的阶级局限性，指出无产阶级始终"代表整个运动的利益"。作为一种与资产阶级相区别的文化使命，无产阶级将实现"共产主义文明"的使命任务贯穿于整个人类解放的历史进程中，呈现了文化使命的崭新图景。

4. 人的自由而全面的发展是文化使命的终极追求

无产阶级的文化使命落脚于自由全面发展的人本归宿。追溯人类文明发展的历史不难发现，人类文明的发展史正是为拥有自由发展而奋斗的历史。马克思和恩格斯超越了资产阶级文化使命的局限性，抽象出应然的、属于全人类的文化发展图景，建立一个自由人的联合体，"每个人的自由发展是一切人的自由发展的条件，"② 在马克思主义看来，人类解放的思想本质是弘扬人的本质力量，倡导人类摆脱客观物质世界和主观精神世界的束缚，达到人类自由自觉的状态，最终实现人的自由而全面的发展。这就从根本上确立了无产阶级的文化使命——在追求人类解放的历史进程中肩负起实现人的自由全面发展的使命任务，是无产阶级主动作为并力求实现的文化愿景。马克思进一步揭示出实现人类精神解放的现实条件，"个人在精神上的现实丰富性完全取决于他的现实关系的丰富性。"③ 无产阶级的文化使命是建立在对人类社会发展科学认识的基础之上，通过扬弃资本主义私有制，来实现社会的全面发展、文化的全面进步、人的全面发展三者的有机统一。可以看出，

---

① 《马克思恩格斯选集》第 1 卷，人民出版社 2012 年版，第 857 页。
② 《马克思恩格斯选集》第 1 卷，人民出版社 2012 年版，第 422 页。
③ 《马克思恩格斯文集》第 1 卷，人民出版社 2009 年版，第 541 页。

人类对自由全面发展的向往既是无产阶级文化发展的根本动力，又是无产阶级所追求的文化目标，这为中国共产党的文化使命提供了有益的价值遵循和实现路径。因而，共产党人所要担负的使命是聚合全世界无产者的力量投身于人类解放的事业中，不断实现人的自由全面发展。

（二）列宁的文化理论

立足社会实践，列宁深刻地认识到文化的落后会内在地限定苏俄社会主义革命和建设的步伐，他深刻地分析了苏俄文化特性，并在社会实践中把握苏俄社会主义文化革命的道路，俄国从一个落后的国家走向了具有先进的政治制度的文明国家，丰富和发展了马克思主义文化理论。实践性是我们理解列宁文化理论的一个重要向度，为当代中国文化使命提供了重要的理论遵循。列宁的文化思想理论主要包括以下几个方面：

1. 建立无产阶级文化

俄国作为落后的社会主义国家，列宁反复强调在制定国家治理方略时党和国家要把建设"无产阶级文化"放在优先发展的地位。在列宁看来，无产阶级的文化如果不能对人类所创造的文明加以继承，就必定是失败的，就必定不能够推动俄国社会发展。显然，按照这样的见解，列宁所强调的是对已掌握的"文化"，也包括资本主义文化，对其进行与时俱进地创造，为俄国社会主义发展所用。列宁的无产阶级文化思想充分体现了对人类文化发展的继承，并在此基础上做了进一步的说明，"无产阶级文化应当是人类创造出来的全部知识合乎规律的发展。"① 列宁所强调的对历史文化遗产要批判地继承，也就是说，对于资产阶级文化的优秀成果在批判吸收的基础上实现了文化领域的新超越。只有在这样的文化视域下，才能保证俄国社会主义国家的文化健康发展，并为世界无产阶级做出贡献。可见，列宁所主张和倡导的无产阶级文化，脱离了单向抽象的空想社会主义文化框架，而是对人类文化有所继承和创新，这为无产阶级政党践行文化使命指明了方向。

---

① 《列宁选集》第 4 卷，人民出版社 2012 年版，第 285 页。

2. 文化革命思想

文化革命思想是列宁文化理论中重要的组成部分。俄国在走农村合作化的进程中，列宁始终强调文化革命在农村合作化当中的重要作用，他在《论合作社》中强调，"没有一场文化革命，要完全合作化是不可能的。"① 在列宁看来，对于苏维埃俄国来说，至关最重要的是无产阶级政党在未来历史中要担负起对世界文化的责任担当，并为之努力奋斗。也就是说，在列宁那里，文化革命的成功意味着社会主义国家的实现，二者具有内在同构性。同时，我们也能看到列宁的文化理想是要通过这种"文化革命"，来达到一种超越现实的使命目标，即使苏维埃俄国登上崭新的文明阶梯。那么，这一时期，俄国无产阶级政党所要担负发展文化的重要使命，就是要使俄国人民彻底摆脱蒙昧落后的状态，通过文化教育使民族觉醒，把落后的俄国塑造成为一个文化大国。从根本上说，列宁所要实现的文化大国，它的意义是非凡的。非凡之处就在于它不仅指向俄国的社会现实，更是指向了世界，这种指向表明了俄国所要塑造的文化大国是对世界文明发展具有足够制衡力。列宁的文化革命思想中所涉及的重点问题是"文化革命"，其真实意图在于改变当时俄国落后的文化状况。文化革命对社会变革中起着至关重要的作用，列宁所开辟的是一条符合落后国家的文化革命发展道路，也就是通过一场新的文化革命来改变精神贫困的现状。对列宁而言，这场文化革命有其特殊的发展进路，政治革命是文化革命的前奏，继政治革命之后走向经济文化建设，文化革命是实现社会主义的历史性跨越性发展的关键一环。

3. 发挥国民教育在文化发展中作用

聚焦列宁的文化理论，国民教育不再被忽视，并且被置放于俄国发展的战略制高点上。在列宁看来，国民教育事业作用的充分释放和发挥运用将是对俄国社会主义革命的最大助力。无产阶级在国民教育事业中发挥着至关重要的作用，列宁对此做出科学地理论的回应，指出无产阶级"应当作为最积极最主要的力量参与整个国民教育事业。"② 也就是说，教育能够使大多数

---

① 《列宁选集》第 4 卷，人民出版社 2012 年版，第 773 页。
② 《列宁选集》第 4 卷，人民出版社 2012 年版，第 299 页。

人摆脱蒙昧摆脱野蛮。在这里"无产阶级政党"就是要担负起发展国民教育事业的重要文化使命。列宁的革命文化思想并没有停留在抽象的理论说教，相反地，而是把文化教育事业引向了更高的水平。围绕此要点，列宁认为要想发挥国民教育在文化领域的关键作用，其关键的支撑点在于教师的社会地位切实提高和广泛认可，否则"就谈不上任何文化"①。对于苏维埃俄国来说，无产阶级执政党的重要文化责任担当，就是要在相对落后的抑或是非常低的文化起点上努力攀登文化阶梯。由此，我们可以看出无产阶级政党是国民教育的领导力量，教师则是国民教育的重要主体力量，在俄国社会主义文化建设中发挥着重要的作用。国民教育的使命就在于要使俄国走出中世纪，摆脱落后俄国社会生活领域中的"野蛮现象""蒙昧状态"，推动旧俄国实现文化的现代化。

二、直接理论来源：中国化的马克思主义文化理论

当代中国文化使命从理论形态上来看，是马克思主义基本原理同中国具体实际相结合、同中华优秀传统文化相结合的产物，是一种独具中国特色的使命担当。在百年的奋斗征程中，中国共产党带领全国人民从中国具体的国情和社会主义文化建设的实践探索出发，不断推动马克思主义文化使命理论的发展与升华，成为当代中国文化使命研究的直接理论来源。

（一）毛泽东的文化建设理论

毛泽东同志在领导中国人民进行新民主主义革命、社会主义革命和建设的过程中，坚持把马克思主义基本原理与中国的具体实际相结合，找到了符合中国国情的文化发展新路，形成了毛泽东文化建设理论，为中国共产党在新时代担负起新的文化使命任务做出了巨大贡献，特别是对"建设中华民族

---

① 《列宁选集》第 4 卷，人民出版社 2012 年版，第 763 页。

现代文明"奠定了重要的思想理论基础。^① 毛泽东文化建设理论主要由新民主主义文化建设理论和社会主义文化建设理论两大部分构成。

1. 新民主主义文化理论

毛泽东构建的新民主主义文化理论体系，其内容十分丰富。这一理论的形成，不仅表明了中国共产党人"要把一个被旧文化统治因而愚昧落后的中国，变为一个被新文化统治因而文明先进的中国"的使命之责，还彰显了中国共产党人始终代表中国先进文化前进方向的政治品格。新民主主义文化理论主要包括以下几个方面：

第一，明确了文化在社会发展中的地位。"马克思主义"在中国的广泛传播，并被早期的中国共产党人所接受，使得中国的文化实践活动有了明确的理论旗帜，进一步指明了马克思主义传播与中国文化使命的出场。近代工业文明的冲击下，中国社会面临着严重的文化危机，存在着"文化至上论""文化复古论"等观点。为进一步廓清文化的功能和作用，毛泽东明确提出了："一定的文化（当作观念形态的文化）是一定社会的政治和经济的反映，又给予伟大影响和作用于一定社会的政治和经济"^②。以毛泽东为代表的中国共产党人认识到一定的社会文化发展与特定历史时期的经济和政治状况有着密不可分联系。文化要置于特定的时空场域，不能空谈文化，而不考虑社会现实。在中国共产党的话语体系当中，文化始终与经济、政治、社会等紧密相连。

第二，开创了新民主主义文化道路。随着西方帝国主义的入侵，中国社会性质发生深刻的改变，逐渐沦为半殖民地半封建社会。社会性质的变化必然要引发思想、文化等社会意识的变化，中国的现有文化体系已逐步丧失对社会变革的统合功能，迫切需要一种新的文化发展道路为革命凝聚力量。反帝反封建的思想情境奠定了中国文化的主基调，我们的文化内容也逐渐成为一种"半殖民地半封建"性质的文化形态。正是在这样的时代背景下，中国共产党锚定了自身的使命之责——担负起"反帝反封建"的文化使命，引领

---

① 田克勤：《毛泽东与中华民族现代文明形态的历史演进》，《思想理论教育》2023 年第 12 期。
② 《毛泽东选集》第 2 卷，人民出版社 1991 年版，第 663－664 页。

中华民族新文化的发展方向，探索出了一条新民主主义文化发展道路。

第三，确立了新民主主义文化的领导权。早期的中国共产党人就认识到"文化的领导权"的重要性，将其放在文化建设的首要位置。毛泽东明确指出，"由于现时中国革命不能离开中国无产阶级的领导，因而现时的中国新文化也不能离开中国无产阶级文化思想的领导，即不能离开共产主义思想的领导。"[①]"无产阶级的领导"是新民主主义文化建设得以顺利开展的前提性条件，离开了这个重要前提，新民主主义文化建设就会失去方向。

第四，确立了新民主主义文化建设的纲领。在毛泽东的《新民主主义论》这部经典著作中，明确了以"民族的""科学的""大众的"为主要内容的新民主主义文化建设纲领。所谓"民族的"，就是坚持文化发展的主体性向度，发展本民族自己的文化，既不是"全盘西化"的崇洋媚外者，也不是马克思主义的本本主义者，而是主张"中华民族的尊严和独立"[②]。所谓"科学的"，就是要坚持文化发展的真理向度——马克思主义的指导思想，继承了新文化运动以来的科学精神和理性精神，而不是故步自封的文化保守主义者。所谓"大众的"，指明的是新民主主义文化建设的目的向度，把人民群众作为文化实践的主体。

中国共产党人运用形式多样的、喜闻乐见的方式来传播马克思主义、传播革命思想，充分调动广大人民群众积极参加到党的革命事业当中，使得中国人的精神由被动转向主动。在中国共产党的领导下，中国的文化才是真正属于人民大众，才能彻底实现打破一个旧的文化世界，建设一个新的文化世界的实践诉求。

2. 社会主义文化建设理论

新中国成立前夕，毛泽东同志在中国人民政治协商会议第一届全体会议上的开幕词中指出，"随着经济建设的高潮的到来，不可避免地将要出现一个文化建设的高潮。中国人被认为不文明的时代已经过去了，我们将以一个具有高度文化的民族出现于世界。"[③] 这一重要论断表明了中国共产党人在

---

① 《毛泽东选集》第 2 卷，人民出版社 1991 年版，第 705 页。
② 《毛泽东选集》第 2 卷，人民出版社 1991 年版，第 707 页。
③ 《毛泽东文集》第 5 卷，人民出版社 1996 年版，第 345 页。

继承和发展新民主主义文化的基础上有了明确的文化建设目标。也就是说，随着新民主主义革命的胜利，中国共产党的文化建设任务是要实现新民主主义文化向社会主义文化的转变，为社会主义革命和建设服务的时代任务而服务。毛泽东的社会主义文化建设理论主要包括以下几个方面：

第一，确立了马克思主义在社会主义文化中的主导地位。毛泽东同志善于运用马克思主义来分析和解决社会主义文化发展的现实问题。随着从革命党到执政党的转变，中国共产党不断加强自身的理论学习，特别是对马克思主义理论的实际应用，不断塑造先进的政党文化。不断加强对马克思主义理论的学习是中国共产党的政治优势，是中国共产党区别于其他政党的显著特征。中国共产党人不断深化对马克思主义理论的认识和理解，并且在社会主义实践的过程中不断提升理论素养，形成中国化的马克思主义。

第二，提出了影响深远的"双百方针"。"双百"方针是党从五千年多年的中华文明中提炼出来的精华。"双百"方针经历从"题词"到"口号"，从办刊方针到确定为全党的"方针"这一发展过程。1951年3月，毛泽东提出，"百花齐放、推陈出新"[①]。1953年，中国史学界围绕中国奴隶制和封建制的分期问题正在进行一场大争论，毛泽东听了工作汇报后提出了"百家争鸣"[②]。在党的八大中，"双百"方针被正式写进党的政治报告中。我们可以从"双百"方针的确立过程中看到，中国共产党人对繁荣文学艺术的高度重视。"双百方针"对文化繁荣发展至关重要，可以毫不夸张地说它是文化繁荣的重要生命线，更是中国共产党文化使命的重要理论指南。在双百方针的指导下，不仅充分尊重不同的创作声音，还能不断地激发出文艺创造活力。

第三，确立了为人民大众服务的文化发展方向。中国共产党作为马克思主义使命型政党，就是要把人民大众放在中心位置，社会主义文化的发展源于人民大众。新中国成立之初，中国共产党人就把"为人民服务"确立为文化建设的指导方针，并且得到社会各界的广泛认同，为新中国文艺的发展指明了新方向。可以说，中国共产党把"为人民服务"作为践行文化使命的一

---

① 《毛泽东年谱（1949—1976）》第1卷，中央文献出版社2013年版，第322页。
② 《毛泽东传（1949—1976）》（上），中央文献出版社2003年版，第486页。

个根本遵循抑或是一把标尺，用它来衡量文化建设是否是真正的"为人民"。中国共产党人在从事文化运动和文化建设的过程中，把人民作为文化发展的根本价值立场，并且重视人民的主体地位，充分调动广大人民群众参与到社会建设当中的积极性。

第四，明确了社会主义文化发展的目标，建设工业化的同时推动文化现代化。毛泽东在一届全国人大一次会议上提出社会主义文化建设的目标。他强调："将我们现在这样一个经济上文化上落后的国家，建设成为一个工业化的具有高度现代文化程度的伟大的国家。"① 中国共产党诞生于中国文化最危亡的历史时期，既为中华文化所孕育，又始终代表中国先进文化的前进方向，肩负着引领和建设中国文化现代化的历史使命。一般而言，文化现代化往往发端于对传统文化的"破"，即对中国传统文化权威的挑战与破除，伴随着政治革命的结束而完成"破"之使命。社会主义革命和建设时期，中国共产党人把文化使命融入社会主义现代化的进程中，明确提出了文化现代化。也就是说，在社会主义革命的语义场中，推动文化现代化的使命任务，才具有真正意义上的推动力。

（二）中国特色社会主义文化建设理论

十一届三中全会的胜利召开，标志着我国社会主义建设进入一个崭新的历史时期，同时也标志着我国文化建设进入全新的时期。改革开放以来，社会主义文化建设要面临着诸多挑战，既有对由对外开放而带来的外来文化的冲击，也有市场经济改革衍生出来的负面因素的影响。中国共产党人不断深化对社会主义文化建设规律的认识，始终坚持马克思主义在意识形态领域当中的指导地位，把文化建设放到了国家建设的总体布局当中，不断推动马克思主义文化理论的创新发展，为当代中国的文化使命研究提供了根本的理论指导。

第一，社会主义精神文明建设理论。1980 年 12 月，邓小平在中央工作会议上对建设社会主义精神文明作了初步概论。邓小平指出，"我们要建设

---

① 《毛泽东文集》第 6 卷，人民出版社 1999 年版，第 350 页。

的社会主义国家，不但要有高度的物质文明，而且要有高度的精神文明。"①
在邓小平看来，社会主义精神文明不仅仅包括我们所熟知的教育、科学、文
化，更要有对共产主义的思想、理想、信念等等强调"经济建设"和"文化
建设"二者的协同发展，这就把社会主义精神文明建设提到了党和国家的理
论建设和政治建设的高度。在文化领域当中，重点突出精神文明建设，意在
为建设和发展社会主义做好"思想护航"。在一定意义上来讲，精神文明建
设是我国社会主义制度的内在文化发展向度，这种社会发展向度的优越性不
仅仅体现在生产力上，还表现在社会主义文化建设方面，特别是社会主义文
化、教育和科学技术水平的优越性和先进性。可以看出，在这一历史时期党
的文化使命指向的重点是精神文明建设，把培育"四有"新人作为时代的任
务，这是中国特色社会主义文化建设向前发展的重要人才保障。

第二，社会主义先进文化。先进性是马克思主义政党的本质属性，中国
共产党是社会主义先进文化的积极引领者和建设者，这是由中国共产党的性
质所决定的。随着改革开放和社会主义现代化建设的不断深化与推进，人民
对精神文化需求在"质"与"量"上呈现显著增长之势。在全球化进程的加
速发展的宏观视野下，党和国家把文化建设领域的焦点指向了"发展社会主
义先进文化"。2001 年 7 月 1 日，江泽民同志在《庆祝中国共产党成立八十
周年大会上的讲话》中明确提出，"在当代中国，发展先进文化，就是发展
有中国特色社会主义的文化，就是建设社会主义精神文明。"发展社会主义
先进文化是中国共产党先进性的重要体现，有中国特色社会主义的经济、政
治、文化是有机统一、不可分割的整体，并对有中国特色社会主义文化初步
论述。从这一意义来看，发展社会主义先进文化成为中国共产党文化使命的
重要内容，这既是马克思主义文化理论发展的诉求，也是当代中国发展的现
实要求。

第三，社会主义和谐文化理论。从传统文化的语义来看，社会主义和谐
文化中的"和"植根于中华民族精神之中，来源于中华优秀传统文化中的
"和合思想"。2006 年 10 月 11 日，中国共产党第十六届中央委员会第六次

---

① 《邓小平文选》第 2 卷，人民出版社 1994 年版，第 367 页。

全体会议通过《中共中央关于构建社会主义和谐社会若干重大问题的决定》中提出，"建设和谐文化，是构建社会主义和谐社会的重要任务"。其中，社会主义核心价值体系是建设和谐文化的根本。建设社会主义和谐文化的目标是要在全社会范围内倡导"和谐"之理念，培育"和谐"之精神，营造"和谐"之氛围，最终服务于和谐社会。这一文化思想充分反映了我们党在新的历史阶段对社会建设与文化发展规律的再认识和再升华。白显良教授认为，和谐文化"就是人类社会在历史发展中形成的以和谐为思想内核和价值取向，融思想观念、理想信仰、社会风尚、行为规范、制度体制于一体的一种文化形态，它包含对社会发展的基本理念和理想追求，也包括对社会发展的总体认知和评价，还包括对社会发展的实践取向和制度构建。"[①] 建设社会主义和谐文化能够很好地处理人与人之间、人与社会、人与自然之间的关系问题，使人的发展、社会的发展、自然界的发展达到一种最佳的和谐状态。与此同时，和谐文化强调"和谐"的价值追求和精神实质，在世界各类文明共存的背景下，倡导多元文化间的互融互通、谐和繁荣，构建良好秩序的文明世界，这为新时代践行文化使命提供了重要指导。

（三）习近平文化思想

十八大以来，以习近平总书记为核心的党中央高度重视文化建设，把文化建设摆在更加突出的突出位置，不断推进中国特色社会主义文化的理论和实践创新，提出了诸多内涵丰富、系统完备的新思想新观点新论断新举措，形成了习近平文化思想。习近平文化思想开创了中国化马克思主义文化理论发展的新境界，蕴含了诸多关于文化使命的重要论述，为当代中国的文化使命研究提供了坚实的理论基础。

第一，关于文化使命的实践主体方面。习近平总书记在党的十九大报告中指出，"当代中国共产党人和中国人民应该而且一定能够担负起新的文化使命。"[②] 文化使命所属主语是"中国共产党和中国人民"，这一重要论断科

---

① 雷莹，白显良：《先进文化·和谐文化·文化和谐》，《光明日报》2006 年 05 月 16 日。
② 《习近平谈治国理政》第 3 卷，外文出版社 2020 年版，第 35 页。

学回答了"由谁来担负文化使命"的重大命题。一是突出强调中国共产党在担负文化使命过程中的政治领导、思想领导和组织领导。党的领导是社会主义文化发展的根本保证,中国共产党的性质决定了我国文化发展的正确方向。二是强调"中国人民"是中国共产党执政的深厚根基,也是中国共产党完成文化使命的主体力量,明确了社会主义文化发展"为了谁""依靠谁"的实践问题,进一步表明了中国共产党文化使命的政治立场。正如习近平总书记所言,"人民是历史的创造者,群众是真正的英雄。人民群众是我们的力量源泉。"① 三是强调中国共产党和中国人民共同形塑新时代新的文化使命。中国共产党与中国人民之间是"同呼吸""共命运""心连心"的统一一体,中国共产党的文化使命植根于党和人民的血脉之中,二者共同推动社会主义文化的繁荣与进步。

第二,关于文化使命的内容指向方面。2023 年 6 月 2 日,习近平总书记在文化传承发展座谈会上指出,"在新的起点上继续推动文化繁荣、建设文化强国、建设中华民族现代文明,"② 这是习近平总书记关于文化使命重要论述的集中表达,充分体现了当代中国共产党人应有的文化自信,而且突出强调当代中国共产党人在新时代所肩负的推进文化发展进步的历史责任和艰巨使命。"继续推动文化繁荣",意在为人民提供更多高品质的精神文化产品;"建设文化强国"意在凝聚全国各族人民团结奋斗的精神力量,为实现中华民族伟大复兴汇聚磅礴力量;"建设中华民族现代文明"意在为人类文明进步贡献中国力量。可以说,"新的文化使命"在时间维度上实现了文化使命的样态变革,在空间维度上实现了文化使命的外部延伸,这正是中国文化使命历史逻辑的要义所在。

第三,关于实现文化使命的路径。习近平文化思想是二十一世纪马克思主义文化理论创新的典范,是中国特色社会主义文化建设必须长期坚持的指导思想,蕴含着丰富的智慧资源。主要包括以下几个方面:一是坚持"以人民为中心"的文化发展理念。习近平总书记指出,"源于人民,为了人民,

---

① 《习近平著作选读》第 1 卷,人民出版社 2023 年版,第 61 页。
② 习近平:《担负起新的文化使命 努力建设中华民族现代文明》,《人民日报》2023 年 6 月 3 日。

属于人民，是社会主义文艺的根本立场。"① 坚持以人民为中心，不断满足人们"精神文化"的新需要，是新时代中国共产党文化使命的价值归旨。二是坚持"两个结合"推进社会主义文化建设。实现马克思主义基本原理同中华优秀传统文化相结合，这"第二个结合"是又一次的思想解放，也是习近平总书记文化思想的原创性贡献。要求我们要科学运用马克思主义的立场、观点和方法来科学回答新的文化使命这一时代课题，深入挖掘中华优秀传统文化中的智慧之源，不断增强文化自信，进一步夯实新时代文化使命的思想根基。三是全面布局，通过"举旗帜、聚民心、育新人、展形象、兴文化"来建设社会主义文化强国。举旗帜所指的就是方向性问题，用中国特色社会主义伟大旗帜来指引文化使命的发展方向；聚民心，就是用强大的精神力量来凝聚民心，增不断增强实现民族复兴的精神力量；育新人，是指培育践行新时代文化使命的时代新人，更好地完成新时代的使命任务；展形象，就是要向世界展现可敬、可爱、可信的中国形象，提升中华文化的国际影响力；兴文化，就是推动社会主义文化的繁荣发展，铸就社会主义文化的新辉煌。四是抓住重点，提出"七个着力"的重大要求。具体而言主要有：着力加强中国共产党对宣传思想文化工作的领导，重点强调中国共产党对文化的领导权；着力建设具有强大凝聚力和引领力的社会主义意识形态，强调意识形态的阶级属性；着力培育和践行社会主义核心价值观，重点强调国家、社会和个人形成合力；着力提升新闻舆论的"四力"，即传播力、引导力、影响力和公信力；着力赓续中华文脉、推动中华优秀传统文化"双创"，即创造性转化和创新性发展；着力推动文化事业和文化产业繁荣发展，重点强调文化生产力的创新发展；着力加强国际传播能力建设，重点强调中华文化的对外传播，促进世界各国各民族之间文明的交流互鉴。习近平站在国家长远发展与世界共同进步的战略高度，以马克思主义文明理论为指导，在对社会主义文明建设事业深刻总结的基础上，提出了"文明因交流而多彩，文明因互鉴而丰富。"② 可以说，文明交流互鉴思想，这种文明交往超越了西方的

---

① 《习近平谈治国理政》第4卷，外文出版社2022年版，第322页。
② 《习近平谈治国理政》，外文出版社2014年版，第258页。

二元对立的交往模式，既没有西方中心论的偏见，也没有东方中心论的立场，生动诠释了一种崭新的文明交往逻辑。

总之，习近平文化思想所指明的是"新的文化使命"既表现为思想理论形态的任务书和路线图，又表现为付之于中国特色社会主义文化建设实践的一系列工程项目。深刻认识和把握习近平文化思想指明的新的文化使命的主要任务和实现路径，对于我们努力建设中华民族现代文明，实现新时代的文化使命具有重要意义。

三、历史文化资源：中华优秀传统文化中的智慧资源

习近平总书记在党的十九大报告中指出，"中国特色社会主义文化，源自于中华民族五千多年文明历史所孕育的中华优秀传统文化。"① 以中华优秀传统文化的视角理解中国共产党的文化使命，必然要阐明当代中国与中国传统文化之间的内在关系，特别是中华优秀传统文化中的智慧资源，是支撑当代中国文化使命的文化根基。中国共产党产生于中国这片土地上，使得中国共产党既是中华优秀传统文化的继承者和接班人，同时也在血脉中流淌着中华文化的基因，深刻影响着中国共产党自身的发展与中华民族的前途命运。当代中国文化使命承载着全体人民精神生活共同富裕的价值目标，秉承着人与自然和谐共生的文化生态治理理念，奉行着开放包容的文化交流精神等，都充分体现了对"民为邦本""天人合一""和而不同"等中华优秀传统文化价值理念的继承与发展。因而，需要我们追溯中国的千年文明，从文化的传统展望、思考中华民族的未来。

（一）从"民本"思想到坚持以"人民中心"的文化发展责任

在中国古代社会中，历代统治者都非常重视"民本思想"，所推行的是亲民爱民的"仁政"，并把它作为管理社会和稳固政权的根本所在。"民为邦

---

① 《十九大以来重要文献选编》（上），中央文献出版社 2019 年版，第 29 页。

本，本固邦宁"①，这一思想指明了国家和民众之间的关系，重点强调要把"百姓"作为统治阶级掌握政权的基础和保障。孟子也是重民思想的主要代表，他主张"民为贵，社稷次之，君为轻。"② 也就是说，在国家治理当中要把百姓放在首要位置，可谓是得民心者得天下。反之，失掉民心，就会丢掉江山社稷。我国古代民本思想具有三层内涵：一是以养民、富民为基础。古语有之，"德惟善政，政在养民"。二是教民、化民为执政目标，正所谓"富之，教之"。当百姓生活富足稳定之后，执政者要更应该注重对民众的道德教化。三是爱民、敬民，这是最为核心的部分。这体现了为政者对民众深深地情意与敬意。

中国作为一个负责任的大国，始终把为人民谋幸福的文化初心担在自己的肩上。在党的二十大报告中，"人民"一词出现了 105 次，这不仅说明了党把人民放在中心位置，更将人民的"主体性地位"深刻镌刻于文化发展的进程之中。近代中国独特的历史国情和复杂的社会面貌赋予中国共产党文化使命厚重的历史感，即文化使命与人民幸福、民族复兴的目标相互交织，在历史进程中彰显"以人民为中心"的变革与实践。这主要表现在两个方面：一是从领导力量上看，中国共产党在领导文化建设的进程中始终坚持以人民为中心的发展思想，始终将人民对美好生活的向往作为我们奋斗的目标，将"实现好、维护好、发展好"最广大人民的利益作为一切工作的出发点和落脚点，一切奋斗皆为了能够最大限度地让人民共享发展成果，生活得更加幸福美好。中国共产党在成立之初，就把人民放在心中最高位置，深刻地认识到完成文化使命任务的力量在人民之中，号召起最广大的人民共同奋起形成强大的革命精神力量，建立起一个牢不可摧的文化统一战线，最终实现了革命的胜利。进入新时代，习近平总书记强调指出，"满足人民日益增长的精神文化需求，必须抓好文化建设，加强社会的精神文化财富。"③ 中国共产党坚持以"人民为中心"的文化发展理念，始终把"满足人民的精神文化需要"作为根本立足点，根据不同发展阶段的文化使命任务正确处理好社会主

---

① 《尚书》，王世舜、王翠叶译注，中华书局 2012 年版，第 369 页。
② 《孟子》，方勇译注，中华书局 2015 年版，第 289 页。
③ 《十八大以来重要文献选编》（中），中央文献出版社 2016 年版，第 127 页。

义文化建设与经济建设、物质文明与精神文明的关系，不断进行文化使命的顶层设计和总体布局，实现了以公有制为主体、多种所有制共同发展的文化产业格局，不断解放和发展文化生产力，实现物质富足与精神富有在社会主义制度下的和谐统一，为实现全体人民精神生活共同富裕创造条件。二是从主体力量上看，中国的文化使命在推动人类文明进步的进程中致力于实现人对人的本质力量的真正占有。在马克思主义看来，人类解放的思想本质是弘扬人的本质力量，倡导人类摆脱客观物质世界和主观精神世界的束缚，达到人类自由自觉的状态，最终实现人的自由而全面的发展。无产阶级的文化使命建立在对人类社会发展科学认识的基础之上，通过扬弃资本主义私有制，来实现社会的全面发展、文化的全面进步、人的全面发展三者的有机统一。当代中国，通过深化对社会主义本质的认识中不断确立文化使命的根本方法和价值取向，纠正了试图以经济发展取代精神文明发展的错误做法，科学辨析了资本主义文化使命与社会主义文化使命的根本差异，确立了适应于社会主义初级阶段的文化发展路径，从而推动促进文化使命的理性尺度与人民为中心的价值尺度实现有机统一。社会效益和经济效益的良性互动繁荣社会主义文化的重要支点，不仅摆脱了资本逻辑的支配、消解了文化商品与个体劳动的对立局面，而且实现了公共文化资源的合理配置，为人们提供了更多向上向善有益于身心健康的文化服务与产品。一个民族和国家的根基在人民、血脉在人民、力量在人民，只有站稳人民立场、充分发挥人民群众的首创精神、集中人民智慧，方能谱写中华文化新篇章。

（二）"崇德"思想到加强"思想道德建设"为重点

中华民族自古以来就注重个人的道德修为，崇尚"以道德修身""以德治国"，小到个人大到治理一个国家，都把"德"放在首位，注重崇德向善的德性修养。在我国传统政治文化中，推行德治的主要代表人物就是孔子，提出了"为政以德"。在执政理念上孔子更加注重"道德教化"。对于执政者来说，一方面以"德"作为自律，这样才能获得民众的支持；另一方面，我国传统的伦理道德规范中，强调用道德来"立身"。《周易》中非常注重崇德向善的德性修养。在《周易》中记载，"君子以厚德载物"。也就是说，承载万物的基本前提是要有宽厚的德行。道德不仅仅表征着一个人的外在行为，更是一个人内在精神世界的反映。换言之，一个人只有具备高尚的道德，才能承载天下的重任。古语有之，"疾敬德"。所谓疾敬德，就是说要把提高自己的德行放在首要位置。这个观念起源于商末周初，是总结了夏商两代的经验教训后提出来的。在《尚书》的"召诰"中，有一段告诫周王的文字。

> 王敬作所，不可不敬德。我不可不监于有夏，亦不可不有监于殷。我不敢知曰有夏服天命，惟有历年，我不敢知曰不其延，惟不敬厥德，乃早坠厥命。……肆惟王其疾敬德，王其德之用，祈天永命。（孔颖达《尚书正义》）

这段文字所强调的就是"德"的重要性，只有把"德"放在重要的位置，才能祈求上天来永远保护我们的国运长久。2013 年，习近平总书记在山东考察时强调："国无德不兴，人无德不立。必须加强社会的思想道德建设，激发人们形成善良的道德意愿、道德情感，培育正确的到判断和道德责任……只要中华民族一代接着一代追求美好崇高的道德境界，我们的民族就永远充满希望。"[①] 道德精神构筑中华民族之魂的基石，是实现中国梦的有力支撑。社会主义道德建设重在引导公民遵守基本的道德规范，同时习得道德规范，形成道德情感并融入社会实践、融入社会生活之中，最终形成一种道德力量。

党的二十大报告强调要提高全社会文明程度，"实施公民道德建设工程，弘扬中华民族传统美德，加强家庭家教家风建设，加强和改进未成年人思想道德建设，推动明大德、守公德、严私德，提高人民道德水准和文明素养。"在现代社会当中，我们无论从事哪种职业，都要遵循一定的社会道德规范，这也是一个健全社会最基本的底色。德行必然是时代新人首要具备的主体素质，也唯有身具崇高德行品质的时代新人才能不负时代不负民，也唯有此才能承接好中华民族伟大复兴的历史重任。新时代的文化指向与使命图景，必

---

① 《习近平关于社会主义文化建设论述摘编》，中央文献出版社 2017 年版，第 137 页。

然要重视公民道德建设问题。这也意味着，加强思想道德建设将成为文化使命内容建设的重要发力点。

(三)"天人合一"的思想到生态文明建设

习近平总书记在党的十九届六中全会中明确指出："党领导人民成功走出中国式现代化道路，创造了人类文明新形态。"① 这一科学论断充分表明了中国共产党在实现中国式现代化道路的同时，把创造人类文明新形态作为使命任务。与西方现代化不同的是，中国共产党在推进中国式现代化道路进程中所创造的"人类文明新形态"，并非以牺牲其他领域文明进步作为代价，而是超越了资本主义文明的弊病，在坚持物质文明、政治文明、精神文明、社会文明和生态文明协调发展基础上的崭新创造。

在中国传统文化的语境当中，天人合一中的"天"，不止于自然之天，还包括天命之天，体现着人与自然、人与人之间达到的和谐统一的状态。在《庄子·齐物论》中记载，"天地与我并生，万物与我为一"。这句话反映了中国古代社会人与自然之间相互依存的密切关系，人对自然的一种依赖感。在古代社会，人对自然有着深厚的情感，既是对自然的敬畏，更是对自身德性的追求。正如《周易》中对人与自然的关系进行描述时强调，君子的德行要不仅要同天地、白昼相协调，还要同四季、鬼神等相吻合。其思想的指向在于要求人类要充分尊重"天行之道"的运行规则。也就是说，人的发展要顺应自然的发展规律。这一思想缘起于人同自然之间最原始的"亲和"关系，由最开始的敬畏自然，到逐渐认识自然，再到顺应自然的过程，最终成为中国古代最高的生态哲学智慧。传统文化中的"天人合一"的文化生态观为建设生态文明提供了重要的价值参考。

西方哲学中强调"人是万物的尺度"，把征服自然、战胜自然看作是人的本质力量（主体性）的重要表现，所体现的是"天人对立"的世界观，科学技术的繁荣发展，而人的生存环境、人的精神世界、人与人之间的关系都

---

① 《中国共产党第十九届中央委员会第六次全体会议文件汇编》，人民出版社 2021 年版，第15 页。

遭到了严重的破坏。生态环境问题已不是某一个国家的问题，而是关系到人类的前途和命运的全球性问题，这是摆在人类面前的重大问题，任何一个国家都不能独善其身。英国历史学家汤恩比在《展望 21 世纪》中指出，"能够帮助解决二十一世纪的世界问题，唯有中国孔孟的学说。"儒家文化中蕴含着丰富的智慧资源，在天人合一的理念下，中国共产党人带领人民创造了人类文明新形态，而生态文明就是其重要的组成部分，为解决全人类问题贡献中国力量。从宏观层面上来看，中国在践行文化使命过程中要强调文化生态系统的内部结构平衡与外部关系和谐。

总之，当代中国文化使命要从天人合一的理念中汲取养分，在正确的天人观指导下，实现物质文明、政治文明、精神文明、社会文明和生态文明之间的协调发展，不断凝聚民族共识、汇聚民众力量，推动中华文化走向新的辉煌，从而实现真正意义上的"天人合一"。

（四）"和合"思想到世界文明交流互鉴

从人类文明发展之宏观与微观视角相结合的向度看，尊重文化多样化是人类文明进步的发展进路，是实现各国文化繁荣的必由之路，兼具合规律性与合目的性的双重价值统一。在中国传统文化中的"和合思想"能够解密文明冲突背后的价值悖论，特别是"和而不同"的文化交流观。

"和合"思想本质是一种以"和"为宗旨的和合文化，主要代表是流派是儒家和道家。在《论语·学而》中记载，"礼之用，和为贵。"以孔子为代表的儒家更加强调"人和"的理念，从政教伦理为出发点，主张人伦秩序的和谐有序发展。中国古代的统治者在外交层面上非常重视"和合"思想，《周礼》中有记载，"以和邦国，以统百官，以谐万民。"我们可以将协和万邦思想理解为中国古代社会统治阶级在外交关系上的理论成果。在《尚书》当中也可以找到论证，"百姓昭明，协和万邦，黎民于变时雍。"[①] "协和万邦"的思想为各个朝代民族之间的交流融合以及国家之间的相互往来奠定了一定的思想根基。从某种程度上来说，"和"不仅蕴含人与人之间的和谐，

---

① 《尚书》，王世舜、王翠叶译注，中华书局 2012 年版，第 6 页。

国家与国家间的和谐万邦，还表明了对待不同文化的一种价值理念。基于人类文明进步的自我审视视角，中国共产党始终认为东西文明之间不应以碰撞、抵制和冲突为表征，而应保持民族特色的前提下，吸收世界上的优秀文明成果。中国在对外文化交流中，保持各自文化独立性前提下的和平共处、平等对话，向世界人民诠释了一种崭新的文明交往逻辑。

立足当代，中国特色社会主义文化建设并非一蹴而就，而是不断地推动中华优秀传统文化走向现代。从文化使命实践的主体"人"出发，凸显德行为要的思想道德素质；从文化使命的目标指向来看，凸显出亲民爱民的"民本"思想；从文化生态治理的视角出发，秉持"天人合一"的文化生态理念；从对外文化交流的视角，坚持"和而不同"的文化包容观。中华优秀传统文化蕴含着丰富的智慧资源，为当代中国文化使命问题的研究提供了重要文化资源。

第三章　当代中国文化使命的发展历程

回到历史发展的具体情境之中，是我们科学地理解和把握当代中国文化使命内在的历史必然性。近代以来的中华民族饱经沧桑、历经磨难，中华民族的生存危机不断加深，中华文明遭受重创，这些精神枷锁沉重的压迫着中国人民的民族脊梁。中国共产党自诞生之日起就自觉地肩负起在文化领域当中的使命任务，带领广大人民艰辛探索民族文化复兴之路。在百年奋斗的征程中，接续肩承"文化救国""文化立国""文化兴国"再到新时代"文化强国"的使命任务。中国，作为世界上最大的发展中国家、作为一个负责任的大国，对于文化发展的责任感和使命感越来越强烈，对民族文化发展的使命担当越来越具有时代特色和世界视野。本章的主要内容是基于唯物史观的视域下综合定位中国文化使命生成的内在历史坐标，全面把握不同历史时期的文化使命。

一、新民主主义革命时期的文化使命

近代以来，亘古绵延、延续千年的中华文化在内忧外患的历史背景下满目疮痍、创伤累累。文化上的打击可谓史无前例的，中华文化该走向何处？在西方文化的强大冲击下，又该做出何种选择？有无数的仁人志士，通过师夷长技的洋务运动、力求政治制度变革的维新变法到结束封建帝制的资产阶级民主革命，但都没有找到救亡的良方最终宣告破产。正是在这样的现实境遇下中国共产党诞生了，不仅深刻改变了中国革命的发展道路，还科学回答了中华文化向何处去的问题——重新唤醒整个民族在文化上的觉醒，就必须高高举起马克思主义和共产主义的伟大旗帜。伴随着中华民族救亡图存的历史使命，中国共产党带领人民进行了由无产阶级这一先进政党所领导的新民主主义文化道路的探索，自觉地肩负起了"文化救国"的使命任务。这一时期党的文化使命不仅是对革命历史现实的客观反映，更是对中华民族信仰危机的理性自觉。党对自身肩负的文化使命，有着清醒的认知，这一使命任务为推动中国革命向前发展奠定了一定的文化基础。

（一）新民主主义革命时期文化使命的生成背景

新民主主义革命时期是当代中国文化使命生成的逻辑起点，立足这一时期生成的使命内容、阶段目标、愿景旨趣等有着特殊的历史背景。于国内而言，国内军阀混战革命连续不断；于国际而言，国际斗争则是空前的剧烈。而最为重要的则是，这一时期各种思潮暗流涌动，有识之士不断探寻中华文化向何处去。

鸦片战争以来，西方列强凭借着强大的军事力量，加紧对中华民族进行霸权主义侵略活动，这无疑是中华民族所要面对的最大敌人。在文化层面上的侵略则表现为文化殖民主义，这种侵略与军事、政治、经济不同，具有很强的渗透性。在文化殖民侵略的选择上，西方列强通过开办学堂、建立西式医院等加大殖民思想的植入，并妄图以精神鸦片的方式奴役中国人民。也就是说，西方敌对势力和国内反动势力总是想尽一切办法来控制文化宣传领域，制造各种负面宣传，极力地去抹黑中国共产党和无产阶级革命，企图将反革命的思想价值灌输给人民大众。随着这种文化教育殖民主义侵略的不断深入，带来的结果是全面西化的思潮，妄图抹杀国民的"民族尊严"和"独立人格"。显然，这种西方的文化侵略是人民"精神上的鸦片"，严重摧残着民族的脊梁。这一时期，出现了不同程度上的文化真空和信仰危机，深刻影响着人们的价值凝聚，已经严重危及中华民族的"文化根脉"。中华传统政治文化受西方资本主义文化空前的挑战，对于西方文化，我们是选择"中体西用"，还是"全盘西化"？无数仁人志士通过师夷长技的洋务运动、力求政治制度变革的维新变法到结束封建帝制的资产阶级民主革命等来挽救民族危亡,但最终都没有取得成功。

这一时期,民族文化领域发生了新转向或者更准确地来说是新困境——其既包括颇具殖民色彩的媚外者,民族自卑感凸显,也包括一些封建的卫道者,思想顽固守旧。^①可以说,中国传统文化体系遭受着前所未有的、强大的冲击,其结果必然要导致一部分人对民族文化产生了质疑。另一方面,人民的"精神家园"遭受了强烈的摧残,出现了信仰缺失的现象。在中国文化的现实场域中,需要应对来自西方文化中的文化复古主义、无政府主义以及自由主义等等思潮的影响,这些思潮加速了中国社会内部的文化解体,造成了人们精神层面的价值失序。在中华民族文化即将走向衰落的宏大历史背景下,该如何选择中国文化的出路?在这样纵横交织的思想文化影响下,能否通过"文化"来摆脱西方列强的压迫,重新唤醒整个民族在文化上的觉醒,挽救民族危机。显然,这是一个现实问题,而究竟是谁能够肩负此重任则是一个历史问题。

在中国文化的现实场域中,需要应对来自西方文化中的无政府主义、自由主义等思潮的影响,这些思潮加速了中国社会内部的文化解体,造成了人们精神层面的价值失序。在中华民族文化陷落的宏大历史背景下,该如何选择中国文化的出路?"马克思主义"在同多种文化思潮的激烈竞争中出场,这一新文化思想的出场引发了一大批知识分子的广泛学习,在学习进路上中国文化思想阵地悄然间亦发生了深刻的变革——文化出路愈加清晰,文化愿景愈加明朗,指导思想愈加明确。特别是在中国共产党诞生以后,肩负起了中华文化发展的使命任务,使陷入中华民族文化危机的中国,找到了新的文化发展出路。中国共产党自觉地把中华文化发展的出路与世界历史发展紧密联系在一起,"马克思主义"在中国大地的出场,使党的文化实践活动有了明确的理论旗帜。中国共产党的这种强烈的历史责任感,将中华民族新文化的发展纳入到了近代社会革命的进程中。毛泽东指出,中国共产党人运用马克思主义这一新的思想武器,联合一起可以联合的同盟军,"向着帝国主义

---

① 《中国共产党历史(1921—1949)》第 1 卷(上册),中共党史出版社 2011 年版,第 10 页。

文化和封建文化展开了英勇的进攻。"① 中国共产党把在文化领域当中的使命任务融入革命发展中，成为一支崭新的"文化生力军"，锻造过硬的文化本领来应对敌人的进攻。这种文化上的进攻有着行之有效的理论指导，即"共产主义的宇宙观和社会革命论。"② 正是在这种科学的理论指导下，中国能够结合自身的实际国情来进行文化发展道路的探索。

（二）新民主主义革命时期文化使命的目标指向

近代中国所面临的现实境遇，中国共产党强烈的使命意识被激发出来，初步描绘出在新民主主义革命时期的文化使命目标。这一使命目标，我们可以从毛泽东的重要讲话中可以寻找到答案，他强调要把旧中国"变为一个被新文化统治因而文明先进的中国。"③ 文化使命的现实指向投到了"中华民族的新文化"的建设问题上，在这一使命任务中，中国共产党充分发挥了"思想文化"对革命历史发展的巨大影响力，彰显了新文化之"新"。一是用新的理论武器——马克思列宁主义，来武装全党；二是建立了文化统一战线，用红色革命文化来鼓舞全军；三是建构中华民族文化的真正主体——人民群众，以优秀传统文化来挺直中华民族的脊梁，使得人民前所未有地成为中华民族文化建构的真正主体。对此，我们需要从理论维度上对文化使命作出科学的回答，初步描绘出这一时期的文化使命目标。

1. 思想目标：以马克思列宁主义为指导

"马克思主义"在同多种文化思潮的激烈竞争中出场，恰恰说明了其思想理论所具有的强大吸引力和生命力。通过总结"文化领域"革命的斗争经验，深刻认识到要用科学的马克思主义文化观来分析和指导中国的文化发展。正是在这样的思维逻辑框架下，中国共产党在肩负"新民主主义文化"的使命任务中，彰显了无产阶级政党"为绝大多数人谋利益"的政党特质。也就是说，在这种价值理念的影响下，中国共产党所要建立的新文化则是建立在"公有制"基础之上的，是一种为了人民大众人谋利益的思想文化。可

---

① 《毛泽东选集》第 2 卷，人民出版社 1991 年版，第 697 页。
② 《毛泽东选集》第 2 卷，人民出版社 1991 年版，第 697 页。
③ 《毛泽东选集》第 2 卷，人民出版社 1991 年版，第 663 页。

以说，在文化建设领域当中坚持马克思列宁主义为指导，是新民主主义文化的灵魂所在，实现了历史性的超越。正如毛泽东所言，"自从中国人学会了马克思列宁主义以后，中国人在精神上就由被动转入主动。"[①] 这恰恰说明了中国对自身所承载的文化使命有着高度的认知，在践行使命过程中坚持马克思主义与中国国情相结合的文化发展道路。这一历史性的选择，充分彰显了新民主主义文化的无产阶级性质，是中国共产党政党特质的根本体现，更是对实现"中华民族新文化"文化使命的理论升华。

2. 价值旨归：为人民大众服务 为社会主义服务

中国在文化领域中的使命任务是要建立中华文化新文化，而这种"新"与以往的文化运动有着质的不同。中国共产党所倡导的新民主主义文化价值意蕴体现在，它是以人民大众为根本主体。历史和实践已经反复证明，在中国这样半殖民地半封建社会要发起一场救亡图存的革命运动，如若不能号召起最广大的人民共同奋起形成强大的革命力量进行反抗，那么革命就注定不会取得成功。中国共产党人科学运用马克思历史唯物主义的观点深刻剖析文化的本质，新民主主义文化运动中把"人民群众"放在重要的地位，超越了新文化运动中无力发动广大人民群众的阶级困境。正如毛泽东同志所言，"为什么人的问题，是一个根本的问题、原则的问题"[②]。那么，中国共产党所肩负的文化使命延续了马克思主义的人民立场，为"人民群众"是党文化使命的价值归旨，也将贯穿在担负使命的全过程。中国共产党在新民主主义革命进程中所要建设的文化事业，把"人民群众"作为判定文化工作成功与否的重要标准。也就是说，中国共产党在践行文化使命的过程中要深深扎根于人民群众。如何能更好地扎根群众，关键在于积极打造出人民大众喜闻乐见的新民主主义文化，为实现革命胜利积蓄精神力量。文艺工作者以创造出人民大众喜闻乐见的文艺作品为出发点，深入了解人民大众的实际生活，才能与广大人民群众之间产生共情，赋予文化作品以鲜活的生命力，感染大众，凝聚力量推动新民主主义革命走向胜利。

---

① 《毛泽东选集》第 4 卷，人民出版社 1991 年版，第 1516 页。

② 《毛泽东选集》第 3 卷，人民出版社 1991 年版，第 857 页。

中国共产党人善于运用马克思主义的"阶段论"，来分析和把握新民主主义文化的未来走向问题。马克思主义无产阶级政党所要实现的理想社会最终指向的是"共产主义社会"，那么，中国共产党所进行的文化建设，最终是要以"共产主义文化"为最终归宿。显然这内在地蕴含着中国共产党文化使命的崇高性和长远性特征。也就是说，新民主主义文化不可能直接跨越到共产主义文化，党的文化使命是阶段性与连续性的统一。在这一特殊历史时期，中国共产党人从文化使命的长远战略出发，科学地阐述了"新民主主义文化"与"社会主义文化"二者之间的逻辑关联。从文化使命任务的差异性特点来看，新民主主义文化的使命任务聚焦于"民族独立"，建立新的文化来挽救民族危亡，并在民族独立基础上建立自己民主政权；而社会主义文化的主要诉求则是要实现人民的解放，用社会主义文化来巩固政权，并建立无产阶级专政。从文化使命发展的阶段性特征来看，新民主主义革命则是作为社会主义革命总体的进程中的一个过渡阶段。中国共产党正是基于对新民主主义革命时期文化使命任务的认识，才将文化使命的指向确定为"为社会主义服务"。在这一时期，中国共产党文化使命的基本要义就是最大限度地使革命先进文化思想为顺利过渡到社会主义社会做理论上的铺垫和精神上引领，以形成具有社会主义文化为使命的目标追求。

由此可见，新民主主义革命时期的文化使命，既表现为人民大众服务的价值追寻，又体现为社会主义服务的理想追求。

3. 战略目标：建立文化统一战线

基于对国内革命战争环境的现实考量，中国共产党深刻认识到"文化统一战线"在革命战争中的重要性。能否把革命文化思想运用到统一战线中，成为中国共产党文化使命担当的重要战略目标。在这一时期，中国共产党需要应对的是西方敌对势力和国内反动势力对国民意识形态的控制，也就是说这些势力总是利用自己在文化宣传领域中的主导权来操控战争的舆论导向，无所不用其极去抹黑中国共产党及无产阶级革命，将反革命的思想渗透到人民群众当中。在敌对势力文化进攻、价值侵扰和思想渗入的背景之下，毛泽东指出，在中国人民解放的斗争中"有文武两个战线，就是文化战线和军事战线"①，进

---

① 《毛泽东选集》第 3 卷，人民出版社 1991 年版，第 847 页。

一步强调了文化战线的现实重要性，廓清了新民主主义革命时期党的文化使命的应然目标和现实任务——建立"文化革命的统一战线"①。也就是说，在革命战争时期，中国共产党想要建立的"文化统一战线"凸显了文化使命从属于或服务于政治任务的属性，就是要服从和服务于革命发展进程。这种战略目标意在要求中国共产党人动员并号召广大工农大众，有效防范各种腐朽思想、反革命思想对新民主主义革命事业的影响。建立起一个牢不可摧的文化统一战线，是革命能否取得成功的关键性战略。可以说，文化统一战线战略思想是革命运动的产物，作为反帝反封建的革命运动中的重要一环，是其在思想文化领域的反映，凝聚民众的精神力量共同反对各种消极腐朽的文化。"文化统一战线"完美契合精神层面的民众诉求，在理念和精神向度上推动精神武器的现实性转化，以摧毁共同的敌人，从国家层面上科学把握文化统一战线的战略目标。

（三）实现新民主主义革命时期文化使命的具体方式

新民主主义革命时期，基于对社会主要矛盾的变化，文化领域的使命任务也相应地进行了调整。新民主主义的文化是为新的经济和新的政治而服务的，其目的是要实现民族的科学的大众的文化，即中华民族的新文化。国家不仅要应对经济斗争、政治斗争，还要应对文化革命，革半殖民地文化、半封建文化的命，建立起崭新的文化，服务于新的发展阶段。其践行方式主要体现在以下几个方面：

1. 用马克思主义武装全党

面对新民主主义革命时期的使命任务，中国共产党人以舍我其谁的担当之姿同各种反革命势力作英勇斗争。随着斗争的不断深入，部分党员同志对于马克思列宁主义的理解把握出现了偏倚——逐渐出现主观主义的错误，而后愈演愈烈直接导致这种错误的主观主义在党内肆意蔓延，严重妨碍了党的自身建设和中国革命的发展步伐。与此同时，还有部分党员忙于行政事务或军事作战，忽略了无产阶级政党的先进性和科学性要求，没能科学全面地理

---

① 《毛泽东选集》第2卷，人民出版社1991年版，第699页。

解马列主义科学理论。针对这一问题，毛泽东提出在党内明确提出，"马克思的整个世界观不是教义，而是方法。"① 机械地照搬、教条式地理解不是对马克思主义的真学，鼓励全党上下从科学方法论的视角来学习马克思主义，用马克思主义武装自己、武装全党。通过延安整风等思想运动，批判并纠正了党内各种关于马列主义的"左倾"或右倾错误观点，引导全体党员将马克思主义与中国革命实际情况结合起来，以科学理论提升党的凝聚力并指导革命向前发展。正是基于对马克思列宁主义文化理论的真学、深悟、活用，中国共产党人才能做到从全局来把握革命发展的方向、在革命斗争中因地制宜、因时而变调整文化发展的策略，最终取得了革命的胜利。

2. 切实保障人民大众的文化权益

在实现文化统一战线的使命目标的过程当中，知识分子则起到了重要的桥梁作用。知识分子这种桥梁作用点发挥主要体现在向群众传播革命思想。在革命运动初期，中国共产党通过将越来越多信仰革命的知识分子吸纳到党的队伍中来，与敌对势力争夺先进的知识分子。正是由于知识分子的积极加入，使左翼文化联盟得以建立。左翼文化联盟实现了文化建设理念的重新变革和重大转变，即将知识分子、文化战线、愿景目标等诸多要素有机融汇，打破了国民党的文化"围剿"。基于延安时期的现实场域和战争背景，中国共产党融汇文化战线与军事战线的建构于一体，在确立了"建立抗日民族统一战线"的进程中，不断拓宽文化战线的作用范畴，将文化战线向外延伸，并普及到社会的各个阶层当中——包括农民、工人、学生，从而真正实现了"扩大文化统一战线"的使命目标。同时，结合抗日战争的事态考量和形势需要，我们党又将文化统一战线的作用场域进行了深度拓延和发展，成立了中华全国文艺界抗敌协会。抗敌协会成立后，其领导全国文艺运动的作用日益凸显，成为抗日救亡的宣传工作的核心机关。在文化统一战线的作用加持下，中华民族的整体利益得到较好维护和切实巩固，筑牢了文化领域的抗日民族统一战线——中国共产党人在文化领域坚决同日本帝国主义的奴性文化教育和国民党政府的妥协后退主义作斗争，促进了抗日救亡运动的高涨。文

---

① 《马克思恩格斯文集》第 10 卷，人民出版社 2009 年版，第 691 页。

化统一战线是中国共产党在革命发展进程中，促进了社会各界爱国人士联合在一起，打破了阶级社会等级化的文化发展模式，与精英群体为主导的文化体系相比它更能激发人民大众的爱国热情。正是由于这种文化统一战线与军事战线的配合，相继取得革命的胜利，各革命阶段形成了独具革命特色的左翼文化、苏区文化、抗日文化和延安文化等等。这些文化凝聚起广大民众对民族独立、文化救国的价值共识与实践共识，启发了人民对该时期文化使命的自主沉思，推进着革命运动的发展。

3. 合理的批判继承中国传统文化

这一时期的革命任务是反帝反封建，而反对传统封建的压迫中就包含了对封建文化的批判。事实上，对于封建文化的并不是全盘的加以否定而是批判其中糟粕部分，也就是维护封建统治的那部分文化。但是，需要我们注意的是，在革命运动中对待传统文化的并非一种保持客观地态度，而思想文化领域中把一切传统文化都看作是陈旧的、落后的、僵死的而进行"全盘否定"的态势。正是在这种不加辨别的全面批判的情况下，导致了一部分人转而接受西方的文化思想。我们从马克思主义的理论视野出发，这种认识路向是不利于中国革命的发展的，只是片面地、孤立地理解文化，显然，在这种主观上忽视传统文化与"新文化"之间的联系是有害的。那么，与其他的文化运动相比，中国共产党所要建立的新民主主义文化并没有全盘否定传统文化，立足马克思主义的基本立场和理论框架，科学认识和评价中国传统文化中所蕴含的精神价值。正如毛泽东所言，"从孔夫子到孙中山，我们应当给以总结，承继这一份珍贵的遗产"① 从这一表述当中，我们可以看出中国共产党人对传统文化的基本价值取向，可以说是一种继承与超越。从本质上来看，我们党所肩负的文化使命并非"文化断脉"意义上的文化革命，而是高度重视中华文化的根脉。这一时期，中国共产党在践行文化使命中，坚持用辩证地科学态度来对待传统文化。一方面要是坚决反对带有封建性质的封建阶级文化，对待中国传统文化要在批判中继承，在这个基础上还要吸收外来文化，反对文化关门主义；另一方面，对待外来文化要保持谨慎的态度，反

---

① 《毛泽东选集》第 2 卷，人民出版社 1991 年版，第 534 页。

对文化的拿来主义，并且要具有世界视野来坚守中华文化的民族性。正是对中华文化的这份坚守，党才能在革命运动中不断地提升中国人民的民族自尊心和自信心，通过优秀传统文化的继承弘扬凝聚起对民族文化的实践共识与心理认同。

新民主主义革命时期是当代中国文化使命的奠基期，强大的"精神力量"支撑着革命运动取得胜利。这一时期文化使命任务完成，锤炼了中国共产党勇于肩负"建立中华民族新文化"的使命担当精神，为接下来的文化使命任务积累了宝贵的经验。

二、社会主义革命和建设时期的文化使命

中国共产党领导人民艰难寻求民族独立、人民解放的革命斗争中，中国社会的各阶级各阶层不断重组，文化结构也发生了深刻的变化。新中国成立后，在生产资料的社会主义所有制改造的进程中，文化领域也随之进行了新的转向与调整——需要进一步推动新民主主义文化向社会主义文化过渡性转变，这种转向凸显出文化建设的阶段性特征。对于新民主主义文化，我们党有着比较丰富的理论和实践，但对于社会主义的文化建设面临着许多问题。中国共产党充分运用执政党所掌握的上层建筑力量，自觉地担负起"文化立国"的使命任务。文化领域的使命任务由斗争文化转向建设文化，文化建设从局部区域扩大到全国范围，文化宣传阵地由农村转向城市，由革命战争服务转变为推动经济发展。中国共产党注重发挥文化的凝聚力量，在全国范围内展开了建设社会主义文化艰难曲折的探索之路。

（一）社会主义革命和建设时期文化使命的生成背景

中国共产党的文化使命不是故步自封的，而是在书写中华人民共和国文化建设史中的确证。中国共产党领导全国人民取得新民主主义取得胜利后，开启了新的历史发展阶段——社会主义革命和建设的伟大篇章。我们需要从新中国成立到改革开放前夕这一历史视域中进行考察党的文化使命，这是我

们党进行社会主义文化建设的初步探索阶段。与西方资本主义国家的发展逻辑不同的是，中国共产党所要面对的是一个满目创伤的旧中国，这个旧中国从经济上来看可谓是积贫积弱、一穷二白，从文化上来看经济文化十分落后，从地域上来看地区发展不平衡等等问题，中国共产党人能否打破这些条件的限制，建立起社会主义新文化以抚平人民大众在战争中的创伤，以推动社会主义向前发展，可以说是困难重重。从国际形势的发展的视角来看，国际发展态势错综复杂，这一时期国际发展态势处于错综复杂的变化阶段，这种变化深刻考验着新中国的承受力，挑战之压剧增。这种现实挑战一方面体现在，新中国之新关键在于它是一个社会主义国家，而受到资本主义国家的敌视。为此，一些敌对势力加紧对我国的军事、经济、文化和外交等层面的封锁打压，妄图扼杀新中国。可以说，国际敌对势力对新生的红色政权的敌视从未停止，国际上的意识形态斗争非常激烈。另一方面，社会主义国家纷纷效仿苏联的发展模式，但是苏联的文化发展受教条主义的影响，文学和文艺作品都表现为浓厚的革命色彩。在某种程度上来说，苏联的发展模式确实对我国文化建设有一定的积极意义。但是，苏联这种文化发展模式对于新中国而言并不是完全实用的，也就是说它并不能从根本上解决中国落后的文化现状。也就是说，中国共产党人并没有选择"照搬"苏联的文化发展模式，而是在努力地探索适合当时中国发展实际的文化道路。对于刚刚夺取政权的中国共产党而言，对发展新民主主义有着比较丰富的理论和实践。但是，从党执政的经验方面来看，对"建设"社会主义文化缺乏足够的思想准备，缺乏领导全国范围内的文化建设的实践经验。

（二）社会主义革命和建设时期文化使命的目标指向

迈入新中国的现实场域，要想更好地发挥其执政党的建设社会主义国家的作用，不可避免地要应对各种新的执政挑战。这种挑战在文化领域当中，表现为领导人民在全国范围内进行社会主义文化建设。也就是说，革命的胜利并不意味着彻底地摆脱了中华民族的文化危机。中华民族依然需要新的文化来重建人们的精神家园，这也意味着中国共产党要肩负新的使命任务。

在新中国成立之前，在人民政协第一届会议上毛泽东对中国未来文化发展问题发表了重要讲话，"我们将以一个具有高度文化的民族出现于世界。"① 在毛泽东看来，从马克思主义唯物史观的研究向度出发，经济建设的高度发展，必然要引起上层建筑发生改变，这也将是历史发展的必然趋势。"高度文化的民族"是相对于过去的旧中国而言的，中国要从过去被动地接受现代化跃进为主动地推动现代化。如前所述，对于任何一个政党而言，要想真正实现文化上的变革，都需要一个长期的历史过程。面对新中国的文化发展境遇，毛主席指出，要"努力改变我国在经济上和科学文化上的落后状况"②，对此，中国共产党这一时期的文化使命有着明确的认知，有着坚定的文化自信心，科学文化与经济发展同步，改变旧中国的面貌不仅在于经济上脱贫，还要在精神上脱贫。文化使命是中国共产党向世人展示的精神旗帜，也是认识和展现执政党文化建设规律的关键一环，是中国共产党对社会主义文化建设的具象化表达。

从矛盾分析的视角来理解这一时期党的文化使命，中国共产党基于社会主要矛盾变化的理论框架，不断分析、总结和深化对文化的使命认知。这一时期，我国社会主要矛盾由"人民对经济文化迅速发展的需要同当前经济文化不能满足人民需要的状况之间的矛盾。"③ 从这一表述中，我们知道党和国家的中心任务已经发生了根本的改变，中心任务变为提高人民的物质生活和文化生活水平。在这里，文化生活水平与文化教育事业息息相关，并且文化事业可谓是占据了重要的地位，并且深深地扎根于中国现代化的历史进程。毛泽东明确"将我国建设成为一个具有现代工业、现代农业和现代科学文化的社会主义国家"的战略目标。也就是说，把现代科学文化与发展工业和农业并重。具体而言，这种科学文化现代化有着丰富的内涵，主要包括了"社会主义文化事业的发展，科学技术水平的进步，人的文化素质的提高，社会风俗习惯的改善，以及铸就社会主义和集体主义的新道德、新风尚等等"④。可以看出，中国共产党文化建设辐射的范围越来越广，已逐步扩展

---

① 《毛泽东年谱 1893—1949》（下），中央文献出版社 2013 年版，第 577 页。

② 《毛泽东文集》第 7 卷，人民出版社 1999 年版，第 2 页。

③ 《建国以来重要文献选编》第 9 册，中央文献出版社 2011 年版，第 293 页。

④ 欧阳雪梅：《中华人民共和国文化史：1949—2019》，当代中国出版社 2019 年版，第 77 页。

到了教育、科技、文艺文学、思想道德等等各个方面。

（三）实现社会主义革命和建设时期文化使命的主要途径

新中国成立以后，随着国内外环境的变化，文化使命的具体内容、阶段性目标甚至价值归旨等都会产生新的转向。这一时期，中国共产党文化使命的最核心的特质就是要与社会主要矛盾变化紧密相连。中国共产党在肩负社会主义文化发展的使命任务中，创造性地把"马克思主义中国化"确立为文化建设的主题。这不仅得益于马克思主义符合中国社会发展的现实需要，而深层次的原因在于与中国传统文化有着诸多相似的文化基因，中国共产党人不断强化自身担负文化使命的责任感。

随着社会主义改造的基本完成，党和国家的工作重心由"革命"转向"建设"，而建设社会主义国家就在于调动广大人民的积极性。人民群众始终是建设社会主义的重要力量，我们党在担负文化领域中的使命时，不断地总结经验，用新的思维方式来思考文化建设问题。中国共产党人适时调整文化建设的方针和政策，特别是通过"双百"方针，进一步将文化建设推向了一个高潮。毛泽东提出，在艺术问题上的"百花齐放"，学术问题上的"百家争鸣"。也就是说，除了中国共产党以外其他政党都不同程度地凭借政治强制力来影响文化发展，而我们党则是选择了通过文化的"感召力"即"双百方针"来吸引广大群众积极投身到文化建设中来。因此，我们可以看出，"双百方针"对文化繁荣发展至关重要。可以毫不夸张地说，它是文化繁荣的重要生命线，更是中国共产党文化使命的重要理论指南，至今仍具有重大历史性的意义。

社会主义文化建设中正确处理好中国传统文化与外国文化。这是由于文化本身的发展特性所决定的，任何一种文化的发展都不是封闭的、孤立的、静止的，而是不可避免地要同其他文化之间产生联系。那么，对于中国共产党来讲要给予科学回答的。对于一个具有几千年文明的中国来说，更是不能割断历史，割断与传统文化之间的联系。在毛泽东看来，古人的智慧是我们整个人类的财富，而学习西方文化是为了社会主义文化建设更好地向前发展。唯有本民族的文化，才能汇聚起民心、重塑自信。从起初较为激进地、笼统地反对传统文化，到逐步树立"批判地继承"的理念，再到"古为今用"的新思路。中国共产党人不断挖掘传统文化中的"优秀"成分，为这一时期的文化建设提供有价值的思想资源。毛泽东在《论十大关系》就明确指出，在外来文化的问题上要坚持批判中学习，否定机械照搬。[①] 这一重要论断，为正确处理好中国文化与外国文化间的关系问题提供了价值参考，是党对资本主义文化否定过多，学习吸收不够的做法的调整。这种观点表明了，中国共产党人对待异质性文化的高度包容性，一切有利于社会主义文化发展都要去学习。可以说，我们党用"古为今用，洋为中用"的方针成功地解决我国文化发展中的一些问题，特别是文化发展的资源问题。这也恰恰说明了中国共产党对"古今中外"方针的科学性与价值性。可见，能否正确处理好外来文化与传统文化之间的关系问题，始终是中国文化使命的重点。

培育良好的社会道德风尚。在社会主义建设时期，我们党将国家发展置于"建设"的现实需求上。可以说在搞"建设"的过程中，无论是在经济建设领域抑或是在文化建设领域，都非常重视社会的道德风尚的培育。在培育良好的社会道德风尚中以马克思主义理论为价值指引，引导人们甘于为集体、社会、国家奉献，以此来汇聚建设社会主义的精神力量。中国共产党牢牢把握"政治生命线"，把加强和改进思想政治教育工作作为一种实现道德风尚的重要方面。质言之，在培养道德风尚对人民进行思想教育过程中，已然包含了中国共产党对这一项工作的领导，它是基于为社会主义建设培育"德才兼备"的人才现实考量。高等学校的思想政治工作主要实践路径是通过组织学习英雄模范的思想道德和先进事迹。这正是因为如此，这一时期人们建设社会主义的热情和活力充分地激活了，同时甘于奉献、舍生忘我的精神被广泛地传播，特别是大家所熟知的"雷锋精神""大庆精神"以及"红旗渠精神"等等，挖掘这些精神的价值意蕴，以期为社会主义文化服务。显然，正是在这种精神力量的推动下，我国社会主义建设才能向前迈一大步。在这里，我们还需特别指出的是，在 20 世纪 60 年代，党和国建面临着严重经济困难时刻，在我们的国家涌现出许多一心为国、甘于奉献自己的英雄模

---

① 《毛泽东文集》第 7 卷，人民出版社 1999 年版，第 41 页。

范。可以说，这些英雄模范真切的聚焦于社会主义建设上，在他们身上所折射出来的是对社会主义国家的坚定信仰，这种精神价值发挥着净化人们灵魂的作用，滋养并引领着人们的精神文化生活，教育了整整一代人。

全面建设社会主义时期的文化建设取得的重要成就，主要包括以下几个层面：一是在教育改革和教育事业的发展方面，整章建制，初步形成了比较完整的教育体系，以极大的努力满足广大人民群众受教育的权力。社会主义文化教育的普及，一方面，改变了我国文化教育落后、文盲充斥的现实状况，提高了全民族的科学文化素质。另一方面，在培养人才方面，特别是培养具有社会主义觉悟的劳动者和建设者这方面的人才都是围绕社会主义建设而展开。正因为如此，国家建设所需的各方面专门人才才得到了充分的保障。二是在科学技术方面，创建了一批科学研究机构，培养了一支比较庞大的科学技术研究队伍，国防科技取得突破性的进步。三是从文艺创作方面来看，这一时期，显然已取得了可观的丰硕成果。此外，还包括新闻出版、文物保护等其他方面都取得的成绩。从某种程度上来讲，探索社会主义文化建设的过程中，国家的文化领导能力不是靠空想，而是通过"践行"使命而得到了较大的提升。

三、改革开放和社会主义现代化建设新时期的文化使命

迈入改革开放的全新视域，国家所肩负的文化使命也实现了新的发展跃迁，面临着全新的发展境遇。这一时期国家的使命任务要服务于"以经济建设"为中心的大局，还要应对由对外开放而带来的外来文化的冲击，加之市场经济改革衍生出来的负面因素的影响。把文化建设放到了国家建设的总体布局当中，进一步科学定位了"为人民服务，为社会主义服务"的使命价值归旨。国家的文化使命聚焦于"建设什么样的社会主义文化，怎样建设社会主义文化"的时代命题，这种现实转向是归因为我们对文化建设的责任与担当。可以说，新时期的文化使命实现了历史性的嬗变，在尊重文化的发展规律的基础上为文化的健康发展提供了思想保证。

（一）改革开放和社会主义现代化建设新时期文化使命的生成背景

由于"文革"和"四人帮"长期把持文教工作的领导权，文化领域受到极左思想的影响极为严重，文化领域要进行全面的拨乱反正。加之，当时以苏联解体、东欧剧变为焦点的国际意识形态之变，深刻引发了主义和制度的深层思考和历史终结之辩。意识形态领域的交锋、思想阵地的建设、人民意识的稳固成为我们党必须予以关注的重点，由此，深刻把握国际局势赋予党的文化使命的时代价值的基础上，进行了文化建设方面"破"与"立"。一是打破人们的思想禁锢。这种思想禁锢的枷锁就在于破除抑或是纠正"两个凡是"的错误方针。二是在文化理路上凸显"立"的地位，确立了"解放思想、实事求是"的文化发展路线。从这一时期文化发展的向度来看，恢复和发扬这一方针政策是符合时代发展、切合人民群众根本利益的正确选择。

在改革开放的视野下，党和国家充分肯定了"经济建设"以及其中内在的文化发展前景。这一时期，社会主要矛盾转变为"人民日益增长的物质文化需要同落后的社会生产之间的矛盾"。[①] 基于现实场域，我们党将主要矛盾的新变化作为新时代文化建设与发展工作的新指向和现实基点，进一步把服务"经济建设"的中心大局视为文化建设的主线任务和关键内容。通过大力发展社会生产力，目的是激发出一种与市场经济发展相协调的力量，以引导社会主义文化向更合理的方向发展。中国共产党从以经济建设（公有制）为基础的文化的合理性出发，去揭示社会主义文化的本质。在此意义下，经济基础与上层建筑的关系理论在时代转换的现实场域内依然散发理性光芒。社会主义向现代化转型，人们的利益格局和思想观念会随着经济体制的改革而发生深刻的变化，人们不再囿于生活保障的物质层面，以期在文化领域获取精神上的幸福感和满足感。中国共产党必定会寻求一种新的合法性的文化形态，在市场经济中催生出新的文化业态。

世纪之交，社会主义市场经济的蓬勃发展，"文化"进入经济市场中，

---

① 《三中全会以来重要文献选编》（下），中央文献出版社1982年版，第168页。

文化不再是一种精神现象，它已直接地渗透到市场经济中。从这个视角来看，文化对经济的从属市场经济改革的性质已日益凸显出来，其结果是思想文化领域中的问题不断衍生出来。也就是说，随着经济的新发展，思想领域的问题就起了变化。聚焦思想领域，在文化场域的互动交流中，各种理念和价值思想在此交汇相融、交织碰撞甚至激荡冲突，这里冗杂着先进与落后的元素，充斥着高雅与庸俗的因子，它们在此或相融或和谐或斗争，一幅"你方唱罢我登场，乱花渐欲迷人眼"现实文化图景呈现人前。显然在这样的背景下，我们党的文化使命于践行层面和目标达成层面都面临着新的挑战和更高要求。也就是说，中国共产党该如何保持中国文化发展的发展道路，如何坚持精神文明建设的社会主义方向，如何能够增强社会主义意识形态的吸引力？只有解决好这些问题，才能够为新时期的改革开放提供正能量。

进入 21 世纪，随着经济全球化的加速发展，互联网和电子信息技术的普及，文化的空间场域发生了改变，信息技术革命赋予了文化产品以前所未有的交互性和创造性，使得大众能够以更加便捷的方式深度介入文化产品的生产和传播过程，对于文化产品的输出形式和内容展现以及文化潮流的现实形成发挥着深刻持久且所用深远的效用。就互联网技术本身而言，它的出现催生了新的媒体形式和文化样态。这种互联网技术成为了西方政党对外文化输出的重要媒介，他们不断地向周边区域扩散文化影响力与辐射力，使得各种文化产品和思潮迅速纷纷涌入人民大众的视野中，社会主义文化发展面临严峻的挑战。一是文化产品的生产力薄弱，与西方的文化产品相比还没有相对的竞争优势。二是文化创新创造方面的人才短缺。在科学技术深度发展和深化推进的进路上，知识性人才的价值作用将日益凸显，其需求量也必将呈现与日俱增之势头。

（二）改革开放和社会主义现代化建设新时期文化使命的目标指向

在社会主义革命和建设时期，国家在文化建设方面走了很多弯路，这主要是中国共产党执政经验的缺乏以及对文化建设的路径缺乏正确认知。改革开放新时期，基于工作重心经济建设的新转向，国家的文化使命也发生了深刻转变——将主题定位于"建设"的维度之上，其目标指向人们的物质文化需求的切实性增长与现实性满足。可以说，在这一历史时期，我们国家的文化使命就"文化兴国"，内在地包含了实现文化现代化的目标。中国的文化使命不是孤立的、抽象的，而是在满足时代发展要求的基础上不断迈进新的使命任务。也就是说，文化使命践行的每一步都是指向达成使命任务的，体现的是接续践行的同向发展过程。

改革开放初期，建设社会主义精神文明的出发点是清除"文革"余毒，避免"文革"遗留的错误思想影响社会主义现代化建设，真正把"阶级斗争为纲"的文化发展范式抛离时代的轨道，重新确立"为人民服务、为社会主义服务"的文化发展的价值旨趣、阶段目标和发展愿景，恢复了"双百"方针的指导地位。中国共产党人重塑社会主义文化建设的新主体，在文化领域中进行了全面的不拨乱反正，吹响了思想解放的号角。基于对现实场域的文化考量和全面思考，中国共产党以四项基本原则为根本遵循，坚决防止精神层面的价值污染和资产阶级自由化危险。邓小平强调，社会主义建设"要有高度的精神文明"①，"精神文明"概念的提出，改变了文化在传统认识论中的配角地位，构建起"精神文明"在社会主义发展框架内的重要位置。在这一时期，党的文化使命任务重点突出"精神文明建设"，包括了提倡尊重知识、尊重人才。可见，这一时期的精神文明建设始终与物质文明建设交织相伴。

迈入社会主义建设新时期，党和国家更加注重社会主义文化建设体系的构建与创新。江泽民提出，"有中国特色社会主义的文化"，并将文化置于总体布局的运行框架之内。在不断深化对推进文化建设发展认识的基础上，党的十五大报告中提出，"建设有中国特色社会主义的文化"的目标和任务，②这从社会主义道路发展的视角肯定了"文化"道路的价值意义。在这一表述当中，中国共产党人在话语表述上进行了突破和创新，不再使用"社会主义精神文明"，而是用"有中国特色社会主义文化"来指称总体性文化建设。

---

① 《三中全会以来重要文献选编》（下），中央文献出版社1982年版，第170页。
② 《十五大以来重要文献选编》（上），人民出版社2000年版，第19页。

虽然表述上有所变化，但是从本质上来看，二者在指导思想、目标任务等方面都是一致的。从这种话语表达上，更能体现出新时期人们该信仰什么、追求什么和抵御什么。不难看出，有中国特色社会主义文化，具有更强的现实凝聚力，将广大人民聚于文化事业的发展进路之内。"建设有中国特色社会主义的文化"的使命任务，有利于为现代化建设和改革开放提供全新的价值观念和创造良好的文化环境。

文化使命的跨世纪发展，中国共产党把文化使命的重心聚焦在提升党的先进性与文化的先进性的目标上。江泽民提出了"发展社会主义先进文化"的重要决策，明确阐明发展先进文化的重点内容、核心环节。"发展社会主义先进文化"，既是文化体制改革的题中应有之义，也是全面建设小康社会的关键一环。这一科学论断的提出赋予了我国社会主义文化建设的新指向和新内容，意味着中国共产党的文化使命步入新阶段。与此同时，为进一步深化我国文化发展道路现实向度，特别是基于对跨世纪发展阶段的现实考量，中国共产党人在审时度势地践行文化使命的过程中把"科学发展观"这一科学理念进行融会贯通。在党的十六大以后，胡锦涛提出了"建设和谐文化"的战略思想，和谐文化强调的是在各类文明共存的背景下，倡导多元文化间的互融互通、谐和繁荣，旨在重构文明良序的文化意向和文化世界观。这一战略的提出，意味着为我们党在践行文化使命过程中提供了正确地处理和解决文化领域的现实矛盾中理论指导。通过对文化使命的升华，创造性地把改革开放以来的精神文明建设进一步升华转化为具有中国特色的文化使命的担当。在某种程度上来讲，这种使命担当最大限度地使社会主义文化本质以价值的维度显现，极大巩固了社会主义文化的基础，极大增强了社会主义文化建设在日常生活的践行上。

（三）改革开放和社会主义现代化建设新时期文化使命的重大方略

这一时期，国家基于文化建设的实践能力，重点围绕"为人民服务，为社会主义服务"的文化发展主线，凝聚人心、汇聚智力，带领广大人民群众投身文化建设的伟大实践之中。回顾这一时期文化使命的践行历程，其践行思路、内容设定和价值目标等都具有一定的理论价值和实践意义。

在改革开放初期，随着拨乱反正和正本清源等工作的深入开展，党内根留的"左"倾错误思想得以清除，中国共产党深刻认识到政治领域的乌云尽散，文化领域的转变发展之机将随之到来。以江泽民同志为代表的党中央看到了人民群众对文化建设的现实诉求，明确将现阶段文化工作指向社会主义精神文明建设。1986年，党的十二届六中全会通过了《中共中央关于社会主义精神文明建设指导方针的决议》（简称《决议》），在这份《决议》中更加深刻和更加具体地总结了精神文明建设方面的优势和不足，并且围绕着时代发展的现实向度，为精神文明建设的使命任务提供了科学指导。这份《决议》明确了精神文明建设在总体布局中重要地位和战略意义，为下一步的文化发展进路予以了政策支撑和现实考量的基础。与此同时，中国共产党始终把"为谁培养人""如何育人"的工作贯彻到文化建设全过程，培育"四有"新人对于文化使命来说是至关重要的，这也意味着为社会主义建设提供人才保障。这也充分地体现了我们党的文化使命，从精神层面为人民重塑一套适应现代化进程的价值标准，积极打造人类的精神家园。

在中国特色社会主义文化的跨世纪发展阶段。随着开放程度的加深和文化交流的扩增现实，"弘扬主旋律，提倡多样性"的党中央方针应"势"而提。在这一时期，我们党对文化使命建设的认识再度提升，在肯定文化多样的价值逻辑中更加突出"主旋律"关键地位。在中国共产党看来，正是对"主旋律"的坚守，才能为社会主义文化繁荣提供重要保证。而且在现代化的推进过程中，中国共产党人逐步意识到文化发展与建设，应注重价值理性层面的内容建设，特别是哲学社会科学领域（1991年设立了"社会科学基金"），一方面利于改变"重科学，轻人文"错误倾向，另一方面利于满足新阶段人民对精神生活的价值诉求。于文化体制改革而言，中国共产党突破了单向度的意识形态认知框架，肯定了文化产品在经济意义上的产业属性。也就是说，从文化发展的向度来说其关键在于"重塑文化市场主体"，因而我们党深刻认识到实现经营性和公益性文化产业分离的迫切性。正是由于这些政策的有效推行，该时期的文化产业和文化市场同时呈现出蓬勃之景。更为重要的是，中国共产党基于对知识时代的正确研判，提出了"科教兴国"战略，切实增强了国家的文化软实力。

在改革开放新时期，中国共产党在文化建设方面取得了很大的成就。首先，从文化基础设施方面来看，我国地区的文化基础设施在一定程度上都得到了很大的改善。文化基础设施的改善还要归因于我国经济实力的显著增强，这在很大程度上为文化事业的发展奠定了根本的物质基础。可以说是在公共文化设施领域当中实现了跨越式的发展，我们可以看到这一时期的文化基础设施如图书馆、博物馆、文博馆、文化中心、文化生态园等方面的设施都比较完备。与此同时，党中央还进一步加强对我国西部贫困地区以及少数民族地区文化产业的投入，特别是加大了对文化建设的扶持力度。其次，在文学艺术方面可谓是"多元共生"，文艺作品的题材、形式、风格日益多样，满足了人民群众多样化的文化需求。最后，在文物保护和体育文化事业方面也取得了突破性的发展。此外，中国共产党人进一步加强了港澳台文化交流合作，以及对外的文化交流，推动了国内文化市场和文化产业的发展。不难看出，活动内容的设定增多丰富着人民群众对精神活动和文艺生活的现实性需求，充分肯定了人民群众在文化场域中的价值主体地位。

总之，不同历史阶段，文化使命的目标紧紧围绕"党和国家的中心任务"展开，清晰地反映了文化使命的阶段性特征和人民群众在不同时期的精神文化诉求，当代中国文化使命必须始终坚持以马克思主义为指导，从中国的实际和所处时代的条件出发，科学分析社会主要矛盾并以此来制定正确的文化路线和文化发展战略策略。当代中国文化使命生成的历史逻辑，反映了中国共产党一以贯之的文化使命担当。

第四章 当代中国文化使命的现实境遇

从理论的语境出发走向现实，从历史的情境出发走向当代。立足当代，中国文化使命面临着全新的发展境遇。习近平总书记指出，对于党员领导干部来说，站在新时代潮头来谋划工作，其出发点务必要准确把握两个大局，"一个是中华民族伟大复兴的战略全局，一个是世界百年未有之大变局"①。这不仅是中华民族文化复兴的外部条件和国际环境，更是中国共产党在践行文化使命过程中所参与和影响的世界发展格局。从世界"变局"中看到"新局"，从"挑战"中看到"机遇"，中国更加明晰自身所肩负的文化使命。本章主要从国际和国内两个视角出发，来深入分析当代中国文化使命的现实境遇。

一、世界格局变化带来的新挑战

在新的历史方位下，中国的文化使命需要应对来自世界发展大变局的各种风险和挑战，以筑牢中华文化安全防线的内在要求。从百年未有之大变局的现实语境出发，世界发展的不确定不稳定因素增多，"东升西降"的新格局态势、全球文化的多样化加速发展并伴随着信息时代的数字革命加速变革，中国的文化使命置身"大变局"之下世界格局调整的趋势之内。中国需要从这种"变局"中发现"新局"，坚持由外向内的视角，在变局之时掌握

①《习近平谈治国理政》第 3 卷，外文出版社 2020 年版，第 77 页。

主动，在破局之机赢得民心，这是新时代的文化场域对中国共产党的驾驭力、引领力和领导力的现实考量和实践考验。

（一）"东升西降"的态势并未改变西方文化的话语霸权

百年未有之大变局，不仅包括经济格局、政治格局的变化，更为重要的是文化格局的变化。世界文化发展格局之"变"的关键，就在于以西方文化为主导的优势地位已逐渐退场，而中华文化的影响力越来越大，其世界性地位逐步上升，这种新格局为中国担负并践行文化使命提供了新的时代脚注。中国共产党作为马克思主义使命型政党与世界上其他政党相比，具有独特的文化底蕴和文化素养，具备了胸怀天下的世界眼光和心系全人类的情怀。当代中国文化使命，反映了中华民族创造的灿烂文化中的优秀文化基因，砥砺着中国共产党人为人类文明的进步作出更多贡献。这既是马克思主义使命型政党的价值追寻，也是中华文化走向世界的必然趋势。

当今世界文化格局的呈现"东升西降"的态势，与世界政治、经济发展格局的变更有着紧密的联系。国际力量对比出现新变化，"西方中心主义"逐渐走向没落，"东方文明"正在崛起。近代以来，世界发展格局主要是以西方为主导，整个世界的权力都集中在少数发达国家的手中。通过经济上的强权来掌控世界秩序，其他非发达国家不具备话语权。这一时期，西方发达国家凭借着经济上的硬实力，来操控国际话语体系。进入 21 世纪以来，一些发展中国家在迅速地崛起，西方发达国家绝对垄断世界的时代已经过去，世界权力结构向发展中国家转移。这种政治格局的转移，意味着非西方国家特别是发展中国家在世界上形成了一股东方的力量。马克思唯物史观认为，文化作为上层建筑，在一定条件下是经济和政治的反映。从政治格局反映到文化格局上的东升西降，打破了西方主导世界文化格局的局面，整个世界的文化发展格局也将重新调整，非西方国家文明加快复兴的步伐。西方文化所固有的弊病不断暴露，以"自由""民主""人权"为核心的价值体系逐渐丧失其道统地位。"东升西降"新格局的发展趋势，无疑为提升中华文化影响力提供了新契机。中国作为世界上最大的发展中国家来说，推动世界文化发展的作用尤为突出，这也意味着中国对世界和平与发展的有着更大的责任与担当。"为世界谋大同"的文化使命蕴含着深刻且厚重的文化意蕴，赓续"大道之行，天下为公"的文明传承，秉承"世界大同，天下一家"的历史底蕴，抱守"协和万邦""和实生物"的文化精神。[①] 通过践行为世界谋大同的使命担当，让一个更加美好的世界在东升西降的世界文化格局中由愿景化为现实。

在百年未有之大变局中，"东升西降"的国际局势趋于明显，但"西强我弱"的局面尚未得到根本扭转，西方话语的霸权并未因此而改变。当今世界本质上仍然是以西方为主导的世界，世界总体格局并未发生根本性变化，整个世界的权力依然集中在少数发达国家的手中。西方发达国家在全球治理体系中争夺全球性的话语权，通过将本国文化中政治体制、法律、道德、艺术等，把西方国家意识形态蒙上非意识形态的外衣，进而开展对他国的意识形态渗透和价值理念改造，以期达到侵蚀主流、腐蚀根基的意识形态恶意扩展的目的其实质就是西方在文化场域内的对外扩张。这不仅对世界对人类文化多样性造成严峻的挑战，还不断冲击着他国文化主权的安全，尤其是对我国文化建设产生了很大的影响。中国共产党坚持以开放包容的心态面向人类未来的文化发展，一贯秉持不同文明之间通过交流、互鉴共同发展的理念和愿望。中国共产党人把全人类都纳入到了自己的文化使命范畴中，超越了国界、种族、文化的界限。中国共产党人不仅仅为本民族的人民构筑精神家园，还为世界上其他国家和民族提供有益的精神养分。在这一点上，东亚的诸多国家就受益颇多。中国共产党的这种文化使命感超越了西方国家的狭隘文化观，这也正是中国特色社会主义文化的显著优势。但在霸权主义和单边主义依然横行天下的当今世界，中国共产党所倡导人类文化发展的正义正确之路却面临着严峻挑战。亨廷顿提出了，"在全球或宏观层面上，核心国家的冲突发生在不同文明的主要国家之间。"[②] 他用"文明冲突的范式"描绘出了未来世界政治变迁的路线图。西方文化的发展秉持的是"非此即彼"的二元对立的逻辑思维，贬低其他文明，以彰显自己，其本质就是"狭隘的民

---

① 辛鸣：《为世界谋大同的中国方案》，《经济日报》2020 年 10 月 9 日。
② ［美］塞缪尔·亨廷顿：《文明的冲突》，周琪等译，新华出版社 2017 年版，第 233 页。

族主义"。当然，多元文明间不可能完全和谐，我们承认彼此间的不同或异质性而可能产生的摩擦或矛盾等。但是文化的"多样"和"不同"，不是引发"冲突"的理由和借口。中华文明中"和而不同"价值理念超越两极对立的思维模式，努力让不同国家和民族文化发展呈现"各美其美，美美与共"的发展态势。

在当今时代，思想文化领域当中的话语权不仅取决于一个国家的综合实力（主要是经济实力），还在于国际地位的高低。在新时代的发展境遇下，中国正处于"大而不强、将强未强、大而未壮"的重要历史关头[①]。一方面，我们坚定不移地发展经济、提高综合国力，实现强国梦想；另一方面，我们要坚守我们的文化立场，坚决反对单边主义和文化霸权主义，在尊重文明之间的差异的前提下，在中西文化交流中秉持和合思想、和而不同的文化观。当前，中国需要在东升西降的世界文化发展格局中，抓住"东方走向世界"的发展趋势，打破西方发达国家所主导的文化霸权场域，为世界谋大同的文化使命创造崭新的"文化场景"。

（二）全球化深入发展对我国文化发展带来的新挑战

无论西方霸权主义怎样嚣张，但"东升西降"已呈显性态势，"西方的没落"已是大势所趋。随着全球的深入发展，霸权主义难以阻挡文化多样性的发展趋势，不同的文化观念、文明理念将进一步碰撞与融合。新时代的历史方位下，我们比以往任何时期所面临的价值冲突、理念之争都更激烈，这种激烈并非外显而往往以更为内隐的方式加剧着国家意识形态领域的危机。

从全球的现实视野来看，百年未有之大变局之下，全球文化多样化发展这就最大的现实。应该看到，"僵化不变"并非全球文化的发展势态、恰恰相反它呈现多元并存、动态发展的样态。正是在这种动态的发展过程中，各民族和国家的文化才呈现出多彩的画面。全球文化多样化发展，世界文化异彩纷呈，文化成为各个国家和民族发展的精神动力，也是彰显民族精神的重要体现。这种全球多样化的文化发展趋势能够为世界上其他国家的文化繁荣

[①] 刘须宽：《世界百年未有之大变局的意识形态分析》，《马克思主义研究》2020 年第 12 期。

和发展提供有益的参考。也就是说，全球文化多样化发展的这一事实，它可以给我们更多的机会去学习和吸收其他国家和民族的文化。全球化进程的加快发展，一切精神的、文化领域的东西都被传播，在世界各国引起新的变化。全球文化多样化的发展与我们党的文化使命目标有一定的契合点。当代中国的文化使命目标包括实现中华民族文化复兴，这一"复兴"的重要条件就是立足于当代现实基础上，置身多样文化的交流共生场域，选取有助于我国文化事业繁荣发展的合理养分。在全球文化多样化的发展进程，中国的文化使命是与时代同频共振，以博大的胸怀来包容吸纳不同民族的文化，把中华民族的文化发展与世界的文化发展联系起来，在与世界文化交流互动中为世界文明绽放光彩贡献中国力量。

然而，在人类还存在阶级的当今世界，全球文化多样化发展不可能是一帆风顺的。这是因为文化的核心是价值观，不同文化所内涵的价值观是不同的，这种差异在一定条件下必然引发意识形态冲突。在全球化向纵深发展的当今时代，随着文化交流的愈加频繁，不同国家之间，尤其是大国之间的文化与文明冲突更加普遍和激烈。这一现实境遇必然对我国文化发展带来挑战，意识形态斗争将会加剧。在新时代的发展境遇下，"西方敌对势力一直把我国发展壮大视为对西方价值观和制度模式的威胁，一刻也没有停止对我国进行意识形态渗透"。[①] 这种意识形态渗透表现为，以美国为首的西方国家极力在国际社会上宣传鼓动，扭曲真相、颠倒事实，将带有资本主义意识形态倾向的价值观念上升到"普世价值"层面，以"民主"为名干涉中国的内政，把"民主人权输出"或"人道主义干涉"作为经济技术援助的附加条件，以宗教活动、学术研究活动和培植政治代理人等途径千方百计输出西方价值观，借此否定马克思主义在中国的主导地位。此外，西方国家将其意识形态传输出去，不断地进行"西化""分化"，并且手段十分隐蔽，进而达到不战而胜的目的。我们在发展社会主义文化的时候，要注意意识形态安全问题，这对于建设社会主义文化来说无疑是一项巨大的挑战。

总之，面对意识形态安全受到的挑战，对意识形态安全问题进行战略思

---

① 《习近平关于社会主义文化建设论述摘编》，中央文献出版社 2017 年版，第 53 页。

考、科学研判和精心谋划，不断开创意识形态安全新局面，夯实意识形态安全基础，进一步提升国家文化软实力，在世界大变局中立于不败之地。

（三）信息时代的数字革命对文化建设提出的新问题

百年未有之大变局之"数字技术"之变，彻底改变了以往的生产方式，上层建筑也随之发生改变，呈现在人们面前的是一幅生动的"数字景观"。通过这种数字技术的高度发展出现了新的空间布局，我们所处的现实世界正在被数字景观所重塑着。信息技术的支撑加持，我们实现了现实场域到数字化场域的跃迁，网络媒介作为主要战场。从目前的网络空间发展的情况来看，互联网已成为人们获取文化资源、消费文化产品的重要场域。互联网改变了传统的文化布局，并于某种程度上引发着文化领域的交锋与争斗。依凭互联网的特有优势，西方国家以此进行着价值理念和文化观念的意识输出。具体而言，就是中西方的意识形态之争的场域转向到了"互联网"。进一步而言，西方反华势力借助网络平台进行着全面的价值渗透和文化输出，不仅冲击着我国的意识形态安全，也映照着信息时代文化场域的挑战愈加严峻。

从唯物史观的视野出发，向我们指明了"科学技术是第一生产力"。从现实场域到数字化时代的跃迁，技术手段为我们党完成文化使命予以技术上的有力支撑。也就是说，文化作为一种生产力而言，它"不仅是文化与经济高度融合的产物，更是文化与科技高度融合的产物。"① 当科技从经济领域抽身而作用于文化领域的生产实践时，就转化为助力文化产业飞速发展的强大力量。作为社会主义文化建设的重要部分，文化生产力的再度飞跃和跨越式发展有赖于数字技术的支撑与加持，从此意义上看数字化的进程必然为我们党文化使命的现实达成提供了有利契机。置身信息化时代的现实场域，数字化生存已成为人们习以为常的生活习惯，变成"日常文化生活"的重要现实媒介。人们的生产、生活习惯以及交往方式，特别是让人们的文化消费习惯发生改变。我们将新时代中国共产党的文化使命与数字技术结合起来进行综合的考查，可以通过数字技术手段最大限度地发挥文化的功能和作用，这

---

① 李春华：《文化生产力与人类文明的跃迁》，中国社会科学出版社 2016 年版，第 63 页。

是我们实现文化产业跨越式发展的重要的推动力量。文化传播技术打破文化传播的技术壁垒，实现文化产业与信息技术的深度融合，创造出更多更好的文化产品来满足新时代人民的精神文化需求。数字技术推动文化不断地创新，新的制度体制改革不断地在完善，维护文化产业持续进行。不难看出，数字革命在文化产业的作用力集中表征为载体的运用、形式的表达和传播对象的形塑上。立足新时代的文化场域，文化产业依凭数字技术媒介的深度变革而探索前行。中国共产党则是要借助这种新的数字技术推动文化产业发展，完成传播文化核心价值理念，为世界文化发展贡献中国力量的文化使命任务。

然而，互联网是柄"双刃剑"。互联网不仅是信息传播的现实场域，也是各种思想舆论的集散地，而信息舆论多元传播，极易对我国主流意识形态产生威胁。互联网成为意识形态斗争的前沿阵地，互联网信息技术的飞速发展和传播介质的融合，为普通民众提供了平等交流的机会和信息自由共享的平台。西方发达国家借助政治的力量、科技的力量抑或是权力的力量，通过网络进行广泛的传播和渗透自己国家的政治理念、社会制度和各种思潮。在这种情况下，我国社会民众的思想受到冲击，在一定程度上弱化了主流意识形态对社会的主导作用和功能的发挥，进而威胁到中国的国家安全。在互联网这一虚拟场域打破了现实社会的文化格局，日益成为人们寻求文化消费的主要渠道。互联网具有开放性、包容性、便捷性和虚拟性等特性，超越了以往传统的图像、文字是一种超感官的虚拟体验。由此网络空间成为人们自由表达、交流以及传播思想文化的虚拟场域。社会成员通过文字或视频的形式"发声"，各种思想、观念、意见等相互交锋，滋生样态万千的"文化群"。在互联网的助攻下，衍生出了一系列的网络文化，"文化乱象"丛生的土壤和环境。立足互联网的虚拟场域，网络将人们的生产方式和文化思维限定在虚拟的图景之内，将"文化表象"等同于"文化实质"，而不太容易进入"文化反思"推理的层面。网络空间中充斥着大量的碎片化、庸俗化的文化，这些所谓的网络文化产品凭借着泛娱乐的特质吸引人们的眼球，视觉享受冲击着主流文化产品的价值理念，在某种程度上对主导文化的影响力起到了弱化的作用。在此意义上，网络虚拟空间因其文化乱象的事实消解着文化建设的实际功效，扰乱着网络空间的文化秩序，增加了网络治理的现实难度。那么，我们党在践行文化使命的过程中应注意运用互联网思维去治理网络文化空间乱象，不断地加强和提高相关的互联网文化体制机制的改革等等。

总而言之，身处百年未有之大变局的浪潮中，变数之中蕴含机遇，机遇之下亦存风险。如何在乱局之中抗住干扰，如何在困局之中走出泥潭，如何在布局之时掌握主动，如何在破局之机赢得民心，这是对担负"新的文化使命"的现实考量和实践考验。百年未有之大变局，"变"是当下的主基调——经济转轨、机制革新、社会转型如此等等，中国作为"东方世界"的大国，必须肩负起大国应有的使命担当。

二、我国文化建设面临的新问题

立足文化建设发展的新趋向，党中央高度重视文化理论创新与实践探索。在践行文化使命的过程中，是为了更好地解决我国文化发展中面临的深层次矛盾和文化发展的现实难题，在文化上达到"精准扶贫"，切实维护好人民文化权益。然而，当代中国在践行文化使命过程中不可避免地要应对文化发展的不平衡不充分、多元与一元的文化碰撞、文化走出去较为薄弱等诸多新情况和新挑战。中国要肩负起满足人民"精神文化需求"的使命任务，就必须勇于担当敢于作为，同各种风险和挑战做斗争，以期更好地完成新的文化使命任务。

（一）文化发展的不平衡不充分

历史地看，中国的文化使命与特定历史阶段、特定经济发展水平密切相关，特别是社会主要矛盾的变化深刻地表征着使命担当的变化，世界上不存在超越所处经济社会发展的文化使命。当代中国肩负着"新使命"的文化发展任务与社会主要矛盾之变有着内在的联系，"我国社会主要矛盾已经转化为人民日益增长的美好生活需要和不平衡不充分的发展之间的矛盾"①。美

---

① 《十九大以来重要文献选编》（上），中央文献出版社 2019 年版，第 8 页。

好生活需要是实现了对物质文化上的超越，进入了一个崭新的发展阶段，即精神文化生活的追求。也就是说，当代中国的文化使命不仅是文化产品在数量上的增加，也是文化质量的全面提高。从"矛盾之变"中考查当代中国的文化使命时，不难发现文化发展的不平衡不充分日益凸显，文化资源的分配不均衡问题亟待解决，文化育人功能发挥不足问题亟须有效应对。

1. 文化供求关系不平衡

社会主要矛盾之变从深层意义上勾连着对社会总需求与总供给的理解。新时代的主要矛盾之变关系到不同的领域、部门和社会的其他方方面面。在新时代的发展境遇下，中国共产党文化使命的最核心的特质就是要与社会主要矛盾变化紧密相连。人们对精神文化的现实需求，并且不是某一时刻的需求，在时间维度上更加强调"日益"，逐步增长的文化需要。这种精神文化需要能够得到满足，关系到人们的幸福感和获得感。在文化领域当中发展的不平衡不充分所表征出来的就是文化的生产与消费、文化的供给与需求之间的关系问题。从需求层面上来看，人民群众对我国文化事业和产业的发展有了新的需求和新的期待，即包括高质量的文化产品、个性化的需求层次、文化需求的结构不断升级等，这是我们党在担负文化使命这一重任中首要关切的问题之一。正如习近平所言，"以前我们要解决'有没有'的问题，现在则要解决'好不好'的问题。"[①] 从供给这一层面来看，我们国家可以说是一个名副其实的文化大国，但却并非是一个"文化强国"。就目前的发展状况来看，我国文化产业在发展的质量和水平上与西方发达国家相比还不是很高，并且在文化产品服务上也有很大的差距。社会主要矛盾之变则进一步表明了新时代人民群众对精神文化多样化需求之变与文化产品和服务供给质量之变之间产生的矛盾不平衡问题。人的素质、社会的文明程度上呈现的不平衡不充分发展的现状，并不能与我国经济发展水平和综合国力相匹配，我们不仅要看到人们在经济上存在的贫富差距问题，而且要看到人们在文明素质上存在的分化问题。人们的精神文化需要向更高层次延伸，切实解决好、着力处理好文化需求与文化供给不充分，在深远意义上推动我国文化发展的历

---

① 《习近平谈治国理政》第 3 卷，外文出版社 2020 年版，第 133 页。

史变迁进程。

2. 文化空间发展不平衡

文化的空间性则强调文化的共时态情况，主要侧重考察某一空间节点上不同文化的生存样态和发展方式，反映着实践主体对待本民族文化和其他文化的态度和方式。这种不同的文化发展样态恰恰是对经济环境的现实表征。在理想状态下，文化发展空间是整齐划一，各区域完全同步。但事实上，由于受主客观因素的影响，特别是经济发展的不平衡，我国各区域间的文化发展也呈现出不同的样态。在新时代的发展境遇下，人们对美好精神文化生活需要得到了前所未有的增长，新时代人们对高质量、高层次的文化需求在不同的地区都有所体现。一方面，我国东部、中部和西部区域之间文化发展的不平衡。具体而言，从现阶段我国城乡区域发展的情况来看，东部地区的文化建设水平和文化产品的消费能力较强，文化产业发展的速度也相当快。与东部地区相比而言，西部民族和边疆地区虽然文化资源非常丰富，但是由于缺乏长期的资金和技术支持，文化产业发展的水平受到限制，需要从基础设施方面提高其公共文化服务水平。另一方面，从我国城乡发展来看文化发展不平衡。我国部分农村地区经济发展水平相对落后，文化建设渠道相对单一，文化基础设施较为薄弱，文化资源保护不到位。其中，一个不可忽视的问题就是大量的农村人口向东部发达城市迁移，人才的流失就影响了农村地区的文化建设和文化发展，在一定程度上导致乡村文化的落后，甚至是加速了部分民族文化的边缘化的进程。我们党所践行的文化使命是为了更好地解决我国文化发展中面临的深层次矛盾和文化发展的现实难题，在文化上达到"精准扶贫"，切实维护好人民文化权益。可见，文化在发展空间上的不平衡势必会成为我们践行文化使命过程中需要解决的一项难题。

3. 文化育人功能发挥不足

立足当代，党中央高度重视"文化育人"，突出强调以文化人、以文育人，取得了一定的成绩，但是成效并不明显。当前我国文化育人功能发挥方面有所不足。一方面是受互联网虚拟文化样态对文化育人功能的影响。置身新时代的文化场域和现实图景，互联网建构着全新的人类生存空间和发展图景。互联网改变了传统的文化育人功能，并于某种程度上引发着文化领域的交锋。互联网虚拟文化场域中，文化泛娱乐化渗透到教育生活当中，短、快、平的快餐文化，可以最大限度地传递和渗透为我的和利己的文化心理，文化丧失其本真的育人功能。另一方面是受资本控制的文化生态对文化育人功能的影响。文化产品在生产过程中受市场化及资本逻辑的影响，促使部分地区或部门的文化发展忽视文化的公益性和教育性，呈现出过度商业化倾向。在这种情况下，文化产品很难给人持久的精神满足，文化的育人功能很难发挥。虚拟文化样态与现实文化生态并存，这就需要我们党来担负新的文化使命，进一步升华文化的育人本质与价值诉求。

我国当前所处的新的历史发展方位，为人民美好生活需要的满足以及社会供给状况的改善创造了必要的客观条件。从"矛盾之变"中来考查当代中国的文化使命，破解文化发展的现实难题——社会总的文化供给朝着有序、高质量的、精准的方向发展，以此来满足人民日益增长的精神文化需求。

（二）"多元"与"一元"的文化碰撞

在当代中国，多元文化的出场首先表现为新时代人们多层次文化的诉求。我们从全局性、整体性的视角来科学把握文化使命，需要权衡和分析多元文化场域的利弊。这是主要从多元与一元文化碰撞的角度来理解，一方面多元文化场域不仅有利于不同文化之间相互交流，还可以促进主流文化吸收和借鉴其他不同文化的有益成分和表达方式，促进人类文明发展。然而，在新时代的文化场域中，非主流文化中弥漫着各种消极的、腐朽的社会思潮，通过或隐或明的手段来侵蚀我们的文化体系，给我国文化安全带来被污染、抑或是被同化的危险。这在一定程度上不可避免地对我国主流文化造成消极影响，对我们践行文化使命来说是一种巨大的挑战。

1. 大众文化弱化主流文化的吸引力

从字面意义上看，大众文化凸显的是"大众"这一受众群体，不仅在数量上表现出人群最多，从广度上来说更具有影响力，受众群体非常广泛的一种文化形态。从影响的广度上来说，能够广泛且深入的影响受众群体的各个方面，比如在人们的工作生活中、价值观念等方面，具有很强的渗透力。意识形态属性是文化的内在规定性，大众文化也具有一定的意识形态功能。大众文化所蕴含的价值取向融入人们的日常生活当中，在一定的条件下可以为提升我国主流意识形态的活力提供一个新的契机。但值得注意的是，大众文化还有其消极影响，主要体现在其独特的传播方式与商业化资本勾连。文化在资本的操控下，不仅为了达到营利性的目的，向大众传播一些泛娱乐性的、功利性的价值观念，迎合大众的口味。资本被纳入到了大众文化的研究视野，并以此来支持大众文化传播消极、负面的价值观念。从这一角度出发，我们看到了大众文化本身所蕴含的不良影响，特别是对我国主流文化有一定的冲击。但是不能因为大众文化有较大的影响力和吸引力，而忽视了马克思主义意识形态所具有的凝聚人心、维护民族统一、促进社会稳定等功能。可以说，大众文化在受到资本的驱使下，抑或是迎合大众世俗性的口味的时候，所产生的消极价值观对我国主流文化带来了严峻挑战。

2. 网络文化消费主义多元样态

互联网技术已深刻该改变着虚拟场域中人们的生存方式和发展方式，已成为人们获取文化资源、消费文化产品的重要场域。互联网已从单纯的技术价值演变为助力文化发展的现实性工具和重要力量，催生了网络文化消费主义多元样态，影响着人们的消费结构和水平。一般而言，文化消费主义主要是指受"资本逻辑"控制下的文化产品消费，这种文化消费从本质上而言是失真的、表象化的、娱乐化的文化特质。网络文化消费主义就是指文化消费主义转向了网络空间当中，生产大量的文化产品，输出一些错误的消费观和价值理念，呈现出多元的文化样态。具体而言，多元文化样态的发展出现了如网络文化消费功利化观念盛行，部分网民将收入投入网络消费当中，自我认同的走向极端化，虚拟网络空间的消费中寻找自身存在的价值。此外，网络文化消费庸俗化倾向较为明显，这主要是网络消费主体在"资本逻辑"的操控下，人们文化消费趣味更迭，极度缺乏自我认知，个体在自我价值、人生追求等方面逐渐演变为肤浅的、庸俗的消费观。在这样的现实境遇下，不可避免地导致了个体精神文化需求的严重失衡。不难发现，这种在网络空间领域的文化消费观对人们的价值观带来了负面的影响，更是我们文化使命担当中的一项挑战。

3. 多元社会思潮对核心价值观的消极影响

社会思潮，就其本质而言带有一定的政治色彩，它所承载的是一定阶级和全体的利益诉求。我们透过不同利益群体的诉求所展现出来的多样的社会思潮对人们的价值选择、文化认同等方面都有一定的影响。社会思潮有正确的和错误的，这种思想上碰撞必然要给党的文化使命带来一定的挑战。在2020年人民论坛特别策划组就针对国际国内的重大社会思潮进行了统计汇总，在《2010—2019重大社会思潮十年演变》这份报告中，我们看到了西方社会思潮对我国文化建设的冲击，尤其是新自由主义思潮、历史虚无主义思潮以及普世价值思潮等。[①] 这些思潮中都有着浓厚的政治味道，是西方国家进行文化宣传的重要利器。但我们应当看到，思潮总是被披上"伪善"的外衣，进行蛊惑人心，抑或是妄图消除国家民族的历史，抑或是腐蚀人们的理想信念，抑或是消极的享乐、虚妄的自由等等。在市场利益的驱动下，文化虚无主义宣扬各种消极思想，甚至是披上科学的外衣，宣传反理性的文化等等。甚至是与历史虚无主义相勾结，妄图割断中华民族的文脉，抹黑中国共产党所创造的革命文化，割裂文化与历史。社会思潮的种种表现都在反映着西方发达国家的利益和企图，只是通过文化来粉饰自己的真实意图。文化是一个民族的根，历史是民族的记忆，无论是文化虚无抑或是历史虚无，对于一个国家和民族来说都是至关重要的，都将深刻地影响我们对本民族文化的认同，对于当代中国文化的发展无疑是一种巨大的阻碍。多元文化场域内文化内容良莠不齐的复杂格局，使得人们的价值选择变得更加开放和多元。从国家层面上说，需要有效应对主流文化安全面临的这些严峻挑战。

（三）"文化走出去"还较为薄弱

当代中国秉持"胸怀天下"的使命之责来担负新时代的文化使命。就世界层面而言，迫切要求中国的文化使命要面向世界，而文化走出去就是面向

---

① 人民论坛"特别策划"组：《2010—2019重大社会思潮十年演变》，《人民论坛》2020年第3期。

世界的重要路径之一。中华文化走出去是为了让世界上其他国家和民族更好地了解中国，认识中国，去回应国际社会所关切的现实问题。不言而喻，近年来我们国家在对外文化交流、宣传以及文化贸易等方面都有了长足的进步。但需要我们认清的一个现实是，在同西方发达国家相比，存在着文化走出去较为薄弱的问题。突出表现在跨文化传播与交流人才比较匮乏、中华现代文化吸引力相对薄弱，这是中华文化走出去所需面对的现实挑战。

1. 跨文化传播与交流的人才匮乏

当代中国的文化指向与使命图景，必然要重视人这一现实主体的培养问题，这也就意味着，关于新时代文化使命所给予的角色期待，将成为文化使命内容建设的重要发力点。加快文化跨区域的传播与交流的关键是"人才"——跨文化传播与交流高精尖人才。具体而言，就目前我国在文化领域方面的人才，特别是能够进行文化生产、制作、传播、翻译、国际文化交流等方面的人才极为短缺。跨文化交流在语言方面有很高的要求，更为重要的是对中华文化要有清醒的认知。这也是我们通常所说的既能够进行翻译，又能掌握中华文化知识，属于复合型的高素质人才。目前，我国跨文化传播与交流的人才队伍不仅在数量上不够，在能力上也存在不足的问题。特别是，随着新一轮数字革命的到来，能够掌握电子商务、物联网的高速发展，出现了以互联网为载体的新型文化业态，需要大批懂得文化创业产业、善于从事互联网加文化的精英管理人才。只有打破文化传播与创新人才的瓶颈，才能实现对外传播的新突破。可以说，文化领域中的创新型人才缺口是发展文化事业的一项挑战。

2. 中华现代文化吸引力相对薄弱

中华文化走出去不是一个口号，而是真真切切把中华文化中的优秀思想和精神传播到世界各个角落，为世界文化发展贡献中国力量。在新时代这一全新的发展境遇下，中华文化走出去的壁垒还在于其吸引力不足，进而影响受众群体的接受度。这个问题就涉及了中华现代文化是否具有强大的吸引力，吸引受众群体。就目前的发展状况来看，中华文化在形成影响力的内容上存在一个严重问题，即我们的文化国际影响力更多是中华传统文化方面形成的影响力，当代中国文化的在吸引力和影响力方面还有待提升和增强。也就是说，从传播学的视角来看，中华文化还未能实现对现代性的根本超越，并没有实现用新的范畴和新的观念去概括和凝练中华文化中的时代精神和价值。对此，外国民众对我国文化的认识，还停留在中国功夫、太极拳，瓷器等传统意义上的文化理解，表层文化认知、传统文化认知并不能够从整体上来领会中华文化的魅力及新时代中国的文化形象。总而言之，这些现实境遇是当前中华文化走出去所要应对的现实挑战。

第五章　当代中国文化使命的基本内容

文化使命的提出，不仅体现出当代中国共产党人应有的文化自信，而且突出当代中国共产党人在新时代所肩负的推进文化发展进步的历史责任与艰巨使命。当代中国文化使命以马克思主义为理论指导，以满足人民需求为价值旨归，积极融入构筑世界文化发展的潮流之中。

一、推动新时代中国特色社会主义思想深入人心

思想是行动之基，思想是实践活动的行动。换言之，没有思想上的共识难达成行动的共识，特定文化目标任务也就无法实现。当代中国文化使命首先需要思考并着重开展的就是"思想入心"的铸魂工作。在此意义上，其一，要以牢牢把握意识形态领导权高举新时代鲜明旗帜，在意识形态的引领力、认同力和新引力上下真功夫；其二，要将信仰之念牢固树立，把精神之钙的缺失之处用马克思主义加以补足，真正把马克思主义的精神信仰筑牢以塑新时代之魂，筑牢共产主义的理想信念，带领广大人民群众在新的历史时期应对各种困难和考验的重要支撑；其三，要把社会主义核心价值观的培育工作放到要"奠定新时代文化之基"的位置一以贯彻，注重价值层面的作用发挥，融入国民教育、宣传思想工作的全过程，发挥好凝聚人心、健全人格的作用。

（一）牢牢把握意识形态领导权高举新时代鲜明旗帜

意识形态属性是文化的内在规定性，意识形态寓于文化的机体之中，对

文化机制、文化的价值指向、发展方向起着决定性的作用。通过梳理政治学、文化学等领域相关意识形态领导权的成果或有关观点，发现很多学者和学科领域基本都认同文化与意识形态之间存在的内在性规定，"文化和意识形态作为制约及引领社会精神生产和价值批判的核心范畴，有着天然的关联"[1]，也就意味着谈及新时代中国共产党的文化使命，其内容必内含"意识形态工作"这一关键要件。沿着马克思主义的国家学说的理论框架去深思，意识形态领域的统治地位是任何统治阶级最先思考和巩固的战略高地，这点是毋庸置疑的。所以，考虑到新时代的全新挑战，特别是百年未有之大变局和文化使命的新设定，意识形态领导权的扎实稳固和切实掌握成为新时代践行文化使命的首要考虑点。主要包括以下几方面：

1. 意识形态的引领力

"谁引领谁"的问题始终是贯穿"意识形态领导权的建设"命题的主线。毛泽东同志指出，"掌握思想领导是掌握一切领导的第一位。"[2] 牢牢把握住意识形态领导权的根本前提，在于中国共产党能否有效地实现对我们国家意识形态工作的"引领力"。我国学者郑永廷先生认为，政权阶级的利益始终是意识形态领导权必须加以首要考虑和维护的核心，按照权力分配的既定原则，通过意识形态机构设立、人员配备、政策制定、国家职能发挥等政治手段进而达成政治资源占有和政治思想稳步审深入推进的国家权力。[3] 从葛兰西的理路逻辑看，他将其实质解读为"批判旧的意识形态，传播新的意识形态"的教育关系。这种"教育关系"恰是反映着意识形态引领力的至关重要性，强调的是对意识形态工作的方向把控、价值的引领和思想的指引。基于此，其引领力的核心则内在的表征在思想层面的政治领导。其一，要不断强化政治领导，以党的路线方针政策为根本遵循，指引和把握社会主义意识形态的发展趋势、价值指向，以高度的政治自觉为意识形态建设的谋篇布局，真正加强对意识形态领域的辨别和引领工作。其二，注重思想领导，思想滑坡与信仰的缺失是动摇执政地位和人心向背的关键因素，这就不难看出，使

---

① 沈江平：《文化的意识形态性与意识形态的文化性》，《教学与研究》2018 年第 3 期。

② 《毛泽东文集》第 2 卷，人民出版社 1993 年版，第 435 页。

③ 郑永廷、任志锋：《社会主义意识形态领导权和主导权研究》，《教学与研究》2013 年第 7 期。

命型政党尤其要注重指导思想的指导地位不可松动甚至动摇，我们党在意识形态引领力上得牢牢夯实马克思主义思想阵地和战略高地，将信仰之念切实融于意识形态工作的各方位和全过程。其三，注重组织领导，重点抓好有关意识形态部门，尤其是宣传部门，把好意识形态的输入输出总开关，切实将社会主义主流意识形态的价值观念、主要思想和核心要义讲好、传播好，真正提高驾驭主流意识形态与非主流社会思潮之间合理张力的能力。在虚拟场域与现实场域交织转换的现实境遇下，多元社会思潮的交流与碰撞已是当下思想文化领域的真实图景，如何引导意识形态空间的主流舆论，如何打赢意识形态领域中这样没有硝烟斗争，其根本方略已确切地指向于主流意识形态引领能力的提升上。

2. 意识形态的认同力

意识形态领导权内含政治文化属性和权力意蕴，在某种层面更为强调以非强制性的软方式进行价值输入和意识形态输出，进而实现对意识形态领域和思想文化层面的掌握和把控，而领导权实现的基本前提就是达成意识形态的价值认同。换言之，我们党必须把"赢得民心、获取认同、得到拥护"立于意识形态领导权建设的核心位置，才能形成维护国家文化安全和执政党政治统治地位的"精神屏障"。在中国的现实语境当中，意识形态的认同力体现为人们对社会主义意识形态能够形成具有相对稳定性的"共同价值"，并且它能够成为一种维系社会稳定的隐性力量。意识形态认同力的形成是为了整合不同社会成员的思想观念和价值取向，使不同的群体都能聚合在一起，凝聚磅礴力量。在此意义下，意识形态领导权的主要体现在广大民众在价值层面或思想认知里对社会主义主流意识形态达成的发自内心的强烈认同感，实现由感性自觉到理性认同的根本性转变，进而转化为投身社会主义文化强国建设的现实行动中。换言之，体现为人们在实践中检验政党意识形态的价值定位，不断地感知、体验和领悟社会主义意识形态的价值和意义，进而表征为国家层面稳固的意识形态认同力。由此而已，其推进内核就是在于从理论到认同的转向，再上升为实践的现实转化，真正用马克思主义武装全党思想，凝聚民心。

3. 意识形态的吸引力

意识形态是对社会存在的能动的思想观念和价值观反映，服务于客观经济和政治社会，并随着社会存在的发展而自觉地做出相应的变革或调整。这种与社会实践的动态适应性，是其吸引力的必然需要。从这种动态范畴的理解出发，新时代中国共产党人加强意识形态的吸引力，要基于历史阶段的现实场域和受众群体的实际特质，在话语表达、管理方式以及价值导向等方面做出实质性的努力。具体而言：一是在意识形态输入的话语表达上，21世纪的今天已进入数字时代，报纸、电视、广播等意识形态传播手段已然有些过时，新时代呼唤意识形态输出形式的时代转换与创新，可以运用各种网络载体、新媒体形式和手段来增强意识形态的吸引力。在此期间，注重意识形态输入的外在表达方式的时代性与创新性转化，切忌难懂晦涩的专业话语，要讲究贴近实际民生的大众用语；二是在意识形态的管理方面，突破传统意义的强制逻辑桎梏，不能以"防民之口"管控思维进行单一单向的粗暴性堵截，要充分发挥意识形态的功能管理优势，比如以凝聚民族精神的文化功能来加强意识形态的阵地建设，维护国家意识形态安全。需要注意的是，面对纷纭复杂的意识形态现实和多元意识形态交流互溶的境遇下，尤其是在反主流意识形态的摩擦碰撞乃至交锋中，务必重视政治原则、基本认识和学术探讨的边界辨析，正确指导、理性分析，更要旗帜鲜明反对和抵制各种错误思潮和价值观念，从而在意识形态管理上实现对意识形态的资源生产、协调、整合以及组织领导等方面的有序发展；三是提升意识形态吸引力要充分考虑人民的价值诉求，始终把"人民"放在中心位置，彰显出社会主义意识形态的人民性。

总的来说，意识形态领导权之争，不要将其简单化理解为所谓的理论和观念的争锋，其重要性关乎国家命运、涉及道路问题，忽视意识形态领导权的建设，其结果必然会导致意识形态领域的混乱和政权无序更替。正如习近平所言，"意识形态工作是党的一项极端重要的工作，是为国家立心、为民族立魂的工作"。① 从广义的范畴层面看，意识形态工作涵盖一切与涉

---

① 《习近平新时代中国特色社会主义思想学习纲要》，学习出版社2019年版，第140页。

及政治、思想有关的工作，不仅内含相关的理论和意识形态宣传层面的工作，还外延至文艺、教育、理论等领域。① 不难看出，我们在践行文化使命的现实语境中必须牢牢把握马克思主义意识形态性不动摇、不松动，这是我们进行文化建设的根本遵循。现实地看，它内置规定着我国文化的价值归旨和前进方向。所以，新时代的历史起点，需要我们不断在强化意识形态领导力、认同力和吸引力，进而把握文化建设发展的领导权和主动权。

（二）以巩固信仰之基和补足精神之钙筑牢新时代之魂

"人民有信仰，民族有希望，国家有力量。"② "人民有信仰"放在首位，"信仰"对于民族希望与国家繁荣兴盛至关重要。那么何为信仰？一般而言，信仰往往代表着对某一主义或教义的推崇和信服情况，表征为人在精神世界的主观寄托、思想依靠和价值关怀，③ 是人类认识世界、体悟世界的生存样式。对政党而言，"信仰"是一个政党本质追求和核心价值的最基本且深层的精神标识。马克思主义信仰之力和精神之念是中国共产党人带领广大人民群众克服险阻、勇往直前的精神支撑和力量之源。因而，当代中国文化使命必然内含"强信仰、铸根魂"的现实要求。

1. 马克思主义信仰

马克思主义信仰与宗教本质上不同，马克思在《哥达纲领批判》中指出，"工人党却力求把信仰从宗教的妖术中解放出来。"④ 这意味着，信仰是摒弃虚妄和幻想，注重人的终极自由和人文关怀，最终达到的理想彼岸世界是"实现人的彻底的解放"——真正本质意义上的"人"的人之解放，其最终目的是完成人的"现实生存"，实现人的幸福生活，是人民性属性的充分彰显。因而，它不仅为一切追随马克思恩格斯的共产党人所信仰，而且也为一切追求进步热爱美好生活的人们所信仰。习近平指出："马克思主义第一

---

① 李春华：《正确处理"中心工作"与"极端重要的工作"的关系——从习近平关于经济工作与意识形态工作关系的新思想谈起》，《理论探索》2015 年第 1 期。
② 《习近平谈治国理政》第 2 卷，外文出版社 2017 年版，第 323 页。
③ 黄楠森：《人学原理》，广西人民出版社 2000 年版，第 368 页。
④ 《马克思恩格斯选集》第 3 卷，人民出版社 2012 年版，第 376 页。

次站在人民的立场探求人类自由解放的道路",[1] 马克思主义信仰以全人类发展为现实基点,在揭示社会运行规律的基础上助力整个世界的解放事业。马克思主义信仰作为"精神指引"而存在,是当代中国文化使命的内容指向,也只有坚持马克思主义信仰,才能深层次地指导人民大众改变现实生活的"物质力量"在场,指引人民大众的现实生存、生活。

中国共产党建党之初,就将自身的文化使命与马克思主义信仰紧密结合在一起,并用马克思主义来指导党的各时期文化建设和发展工作。刘少奇在《论共产党员的修养》中就曾予以鲜明地提出,不坚持甚至抛弃马列主义,党的全部革命实践和斗争活动都将与无产阶级思想脱轨[2]。邓小平指明了,"如果我们不是马克思主义者,没有对马克思主义的充分信仰……中国革命就搞不成功。"[3] 革命事业尚且如此,新时代文化强国战略也更是如此。所以,新的历史方位下,中国共产党践行的文化使命最根本的必然是坚持马克思主义信仰,重视马克思主义信仰教育。正如习近平所言,"无论是过去、现在还是将来,对马克思主义的信仰……都是指引和支撑中国人民站起来、富起来、强起来的强大精神力量。"[4] 新时代的中国共产党,更应像咬定信仰不放松,把马克思主义信仰的教育和巩固工作放在文化使命的头等要务来找抓,因为只有科学的信仰才能赋予人的生命活动以真实意义、光明前景和强大动力,才能构筑起一个时代、一个民族、一个国家存在发展和同心同德的文化之魂和精神之华。

需要注意的是,构筑信仰之基的进程中,不能机械式僵化地一味地进行"信仰"灌输,一定要把"信念""信心"和"信仰"统合起来,既要整体推进又要区分层次,循序渐进、体现差异、遵循规律,最终指向"让人民有信仰"这个教育固本目标,切实巩固好马克思主义的信仰之基。

2. 共产主义理想信念

理想信念是人们对美好生活向往的一种精神期盼,催生人的内生动力,

---

[1] 《十九大以来重要文献选编》(上),中央文献出版社 2019 年版,第 424 页。
[2] 《刘少奇选集》(上),人民出版社 1981 年版,第 115 页。
[3] 《邓小平文选》第 3 卷,人民出版社 1993 年版,第 63 页。
[4] 《十九大以来重要文献选编》(上),中央文献出版社 2019 年版,第 739 页。

给人以强大的精神支撑和蓬勃力量，推动人们不断奋勇前进。理想信念教育需以深刻的理论逻辑解决"信什么"，立足以人为本的价值取向，通过价值形态的构建进一步解答了"为什么信"，把信仰教育的价值归旨和现实指向入脑入心。立足当代，形塑共产主义信念的精神灯塔和构筑广大人民强大的文化自信，俨然成为中国文化使命的内容指向和现实要求。不言而喻，中国共产党人精神之"钙"离不开共产主义的滋养和培植，唯有信念坚固不摧方能本固邦宁，我们党才能内置抵御一切侵害的抗力和免疫力。在党的理想信念教育体系中，"共产主义远大理想"和"为人民服务"属于对党员同一层次上的要求。共产主义理想信念在对科学理论的理性认同上，建立在对基本国情的准确把握上。也就是说，共产主义理想信念不是未来幻想的偏执追求，是对马克思主义真理性的本心信服，在践行进路中运用马克思主义的科学性来解答现实症结。中国共产党将能否将"马克思主义真知"化为"实干"，是否践行全心全意为人民服务的宗旨作为评判理想信念教育成效的标准。习近平总书记始终把理想信念工作放在国家战略的重要位置上，强调党员理想信念教育的极端重要性，"理想信念教育不仅要在党员干部中开展，而且要面向全社会开展。"① 共产主义理想信念能够引导人民群众坚定价值追求，强化全社会的精神支柱，只有坚定共产主义和社会主义信念，才能保证党性修养永不变质。

总之，从"信心"到"信念"再到"信仰"，由浅入深、由低到高，增强信心是初衷，笃定信念是原则，构筑信仰是升华，三者的价值归旨和现实指向都朝向马克思主义和共产主义。不容置辩，新时代中国的文化自信，必须以马克思主义为指导，以铸魂工程贯彻党和国家文化事业始终，真正使人民在信仰中前行，国家在信仰普照中实现新飞跃。

（三）以培育社会主义核心价值观奠定新时代文化之基

当今世界文化发展呈现出多元多样与交融交锋的现实图景和态势特征。

---

① 《习近平关于社会主义文化建设论述摘编》，中央文献出版社 2017 年版，第 23 页。

习近平总书记指出，"世界上各种文化之争，本质上是价值观念之争"。① 那么，社会主义核心价值观的养成培育工作已成为当代中国文化使命的重要组成部分，也就是说要基于社会主义文化繁荣发展的价值目标，不断夯实人民踔厉奋发的共同思想之基。

1. 社会主义核心价值观决定文化的性质和方向

核心价值观是对国家整体文化内置精神的凝练概括，其实质即是一国家或民族文化中最深层的精神内核和核心要义，对国家文化的发展指向和性质起着绝对性作用，表征为一个民族或国家的最高精神追求和文化理想。社会主义核心价值观的提出，正是对中华文化和社会主义先进文化整体把握、系统认知和重点理解中提炼而成的重大理论成果。党的十八大报告首次明确提出"社会主义核心价值观"这一命题，并凝练为"三个倡导"的价值指向，即"倡导富强、民主、文明、和谐，倡导自由、平等、公正、法治，倡导爱国、敬业、诚信、友善，积极培育和践行社会主义核心价值观"②。"三个倡导"将新时代现实境遇下中国特色社会主义意识形态的设定内容的集聚提炼与高度概括，深度体现了社会主义文化内置的人民性、民族性、时代性等基本特质，现实地为党和国家文化事业发展予以方向指向和价值引导。培育和践行社会主义核心价值观内置于我们党的文化使命的设定内容之中，这不仅是多元文化碰撞交锋形势下抢夺价值观念制高点的现实必然，也是"社会主要矛盾转向"下契合民众精神需求的客观要求，更是深入推进新时代中国文化建设与发展的必然之举。

2. 社会主义核心价值观是凝聚人心的精神纽带

社会主义核心价值观体现的是合乎价值旨趣的人性关怀和凝聚人心的文化力量，是确保社会稳定和国家发展的稳定器。正如习近平所言，"社会主义核心价值观是当代中国精神的集中体现，凝结着全体人民共同的价值追求。"③ 没有共同的价值追求、价值理念和价值诉求，无论何种群体、何种

---

① 《习近平关于社会主义文化建设论述摘编》，中央文献出版社 2017 年版，第 105 页。
② 《坚定不移沿着中国特色社会主义道路前进 为全面建成小康社会而奋斗——在中国共产党第十八次全国代表大会上的报告》，人民出版社 2012 年版，第 31—32 页。
③ 《十九大以来重要文献选编》（上），中央文献出版社 2019 年版，第 30 页。

阶级、哪个国家或民族势必会囿于历史周期律而终逝在历史的长河中。应该看到，我国正处于新的转型期，在社会主要矛盾的转向和经济发展转轨的新形势下，内生性的观念冲击或价值冲突日益彰显；而外部的意识形态舆论生态纷纭复杂、挑战不断，丑化矮化中国形象的现象屡见不鲜，质疑甚或"唱衰"中国道路的声音从未停歇，以上种种都深刻凸显了意识形态领域的乱象之争和价值冲突。面对内外严峻形势，如何应对西方错误思潮对主流价值的腐蚀侵害，如何牢牢把握舆论场域的话语权，如何有效引导和提高民众的价值判断和辨别能力等问题。社会主义核心价值观是回应现实与民众诉求的解铃之钥，从价值指向上为广大民众提供正确的、正义的、持久的价值坐标。

3. 社会主义核心价值观是塑造健全人格的思想道德基础

当代中国文化使命内在的包含了培养什么人的问题，即时代新人。怎么理解"新人"，"新人"首先应该是合乎思想道德规范的人，主客观上要求立足社会主义核心价值观的主流价值，进一步明确道德的内在规范、增强道德的价值认同、引领道德的现实践行，务实把"三个倡导"的精神实质凝聚于国家道德建设的各方位和全过程，力求在价值追求的最大公约数中实现对人们整体道德素质的提高和健全人格的形塑。社会主义核心价值观凝结着最广大人民群众的价值诉求与心理向往，是社会主义先进思想的精华浓缩，是道德力量和科学真理的一体结合。培育和践行的现实指向是以共同的价值取向和精神诉求激发人们自觉秉持"真"的初心、"善"的道德情操和"美"的德行品格，引导人们走向崇尚道德、遵守公德的康庄大道。这是我们国家治理和道德建设的精神指南和价值规约，更是形塑人格的思想之基。也就是说，在过程与结果的双重逻辑下，社会主义核心价值观凸显着健全人格的价值功能，是引导和鼓励人民在个人满足和社会利益完美契合之中实现个人价值的精神指南，是筑牢思想道德基础的重要方式，是社会主义文化自信的密码。

综上所述，社会主义核心价值观凝聚人心的精神纽带，其培育和践行过程是一个长期坚持、持续发力、作用渐显的过程，其内核要义决定这文化建设与发展的方向。立足当代，就是要把国家对文化使命的顶层设计融入国民教育、道德建设、文化发展的实际过程中，以基础性工程和战略性任务的正确定位，稳步推进社会主义先进文化的发展工作。

二、满足人民群众对美好精神文化生活的需要

当代中国文化使命的终落脚点和现实指向都是全体人民的共同价值追求，而这也正说明这一使命需要凝聚各族人民之力和团结之心才能达成。这就要求在具体践行中，积极培育新型文化业态，在时空定位中锚定文化发展的靶向，切实实现文化生产的供需平衡。构筑良好的精神家园，以增强人们的获得感与幸福感，是当代中国文化使命的重要向度之一。

（一）积极培育新型文化业态提供优质文化产品

新型文化业态的培育与发展，需要立足人民性的发展逻辑，尤其是满足人民对精神愿景的生活期待和文化需求的价值目标。依凭高新技术的加持，新型文化业态已开始呈现出创新性、跨领域和综合发展的新趋势[①]。因此，在新时期培育新型文化业态，需要在科学技术方面不断进行创新，在文化产业方面实现跨界融合，在资源整合上建设新型的文化产业园，进而实现为人们提供优质文化产品的目标。

1. 新型文化业态之科技创新

以数字技术为依托的当下时代，正造成文化发展业态的又一次巨大变迁。如今，人们已不满足于传统文化的现有成果，渴望获取全新的文化体验，文化产业新型业态已渐成为竞相期盼的价值诉求。科技创新与文化产业的"联姻"，扩延了文化产品的供给范畴，在增幅文化功能的过程中植入了文化价值、扩大了文化张力。在新旧文化业态的交替过程中，科学技术起到了举足轻重的作用，直接影响着文化新业态的生成于与发展。电子信息技术直接或间接地应用于工业化生产和人民生活，使得文化相关产品实现传输存储和展览路演的批量化产出与个性化体验，不断满足人们对精神文化产品"量"的需求和"质"的诉求，不断推动数字特效、3D 打印等新型文化业态

---

① 薛贺香：《论中国新型文化业态的发展方向》，《区域经济评论》2018 年第 4 期。

的迅猛发展。社会实践已反复证明，新型文化业态的内生性发展和拓延需要科技创新的技术支撑，唯有全面推动并充分肯定科技创新的技术张力，才能打破文化建设深度推进的技术屏障，才能破解文化供给不足的现实窘境，才能确保新型文化业态的蓬勃发展。因而，新型文化业态的培育要着眼于技术层面的科技创新，这是满足新时代人民群众对美好生活需要的现实基点。

2. 实现新型文化业态的跨界融合

新时代的历史方位下，文化产业的生存和发展环境发生着根本性的转向，愈发地依托现代化元素进行文化产品的生产，文化传播模式和产业链结构已全新升级，文化产业内部及产业间的边界也愈发模糊，加之人们渴望并追求着更深层次和更高水平的精神养分，这样，跨界融合的新型文化业态亦就应"时"而生、应"需"而生。作为新时代中国共产党的文化使命的重要内容之一，跨界融合需要从"内""外"两个维度来加以把握。新型文化业态的"内"融合，是指文化业态内部的生产科技、科研技术、人力资源等要素的融合，其融合更为强调各要素间的调整重组，于当下而言，主要表现为通过数字技术和网络技术，在虚拟场域中对既有文化资源、组织架构、经营思路等进行优化重组，力求为传统文化产业提供新的表现形式和传播渠道，实现从传统文化产业的"破"局到"立"新型文化产业之崭新业态的华丽转身。新型文化业态的"外"融合，则是指文化产业与其他产业的互融互通，它超越了传统思维下的边界逻辑，强调产业间的强强融合或者优势互补的价值基准。在技术、创意和资本的引领下，打造跨界式的文化业态以满足人们对文化内容、价值旨趣等文化层面的现实需求，通过内和外联动，来充分实现新型文化业态的跨界融合。

3. 打造新型文化产业创意园

文化产业发展至今，不仅仅是人们维持生活、生存的对象化活动，更表现为人类满足精神发展和价值诉求的一种依托。在数字科技、文化创意等新型业态迸发涌现的时代，文化产业深入化发展和持续性繁荣的关键就在于产业结构的深度优化和组织系统的交互联动，积极地以集群化的思维方式和文化生产逻辑培育更多高质量的文化创意产品和创新性文化服务。运行的具体实践中，政府相关部门正以一种不同于传统文化产业生产的聚合方式，将涉及文化领域的创意工作室、文创工作坊、文化企业、科研所等机构组织集聚于一园区之内，在资源互通、理念碰撞和行业融合中聚力培育更多更优的创意新品、文创服务和新的文化业态，聚力建设一批文化内容新颖、文化服务鲜明、文化特点突出的文化产业创意园区。在新型文化创意园区中，高新科技以其独特的技术优势对既有资源进行分化和整合，文化产业以其特有的生产逻辑进行着产品培育和内容呈现，两者在文化创意园区中实现一体融合，不断拓延新型文化业态的生存场域和发展空间。不难看出，新型文化产业创意园的成功打造，在一定意义上将即是实现科技元素与文化要素的有机融合、和谐共存的新型经济文化园区，是文化产业集群化发展的重要模式，是展现地区文化内涵的重要组成部分，这不仅利于最大限度地开发本地文化资源、展示当地文化特色，还利于相关性新型文化业态集合为一个多元化的产业体系或文化产业创意集群，不断推进文化产业的融合发展和产业结构的合理优化。

总之，当代中国文化使命必然要在适应时代的进路中不断培育新型的文化业态，不仅要在科学技术方面不断进行创新，还要在文化产业方面实现跨界融合，进一步推动构建新型的文化产业园，真正从人民的价值归旨和精神诉求上满足对文化产品和服务的需求。

（二）共筑文化生态安全以创造和谐的文化氛围

立足当代，文化生态安全既是国家安全建设的内容之一，也是人的对象化活动的现实要求。"人作为文化生态的起点，以语言符号为中介，进而形成了文化生态。"[1] 文化生态安全不仅在于提供一个精神滋养、优渥的文化环境，更在于展现人类存在的现实意义。它反映和展示着客观文化环境的变化对于现实文化发展的影响。[2] 因此，从文化生态安全的建设视角出发，当代中国的文化使命应然涉及文化理论与实践的统一、时空定位以及供给平衡等内容。

---

① 黄正泉：《文化生态学》（上），中国社会科学出版社 2015 年版，第 4—16 页。
② 胡惠林：《文化生态安全：国家文化安全现代性的新认知系统》，《国际安全研究》2017 年第 3 期。

1. 文化理论与文化实践的和谐统一

在某种层面看，整个人类发展史是社会史和文明史结合的进步史，进步史的背后揭示的是人类实践和理论两者相互推动、耦合发展的历史。沿着理论和实践相互作用的发展思路，二者自然融入人类文明史的全部进程之中，构成着人类文化的基本属性，毫不夸张地讲，实践与理论二者是否和谐统一直接影响文化生态的安全问题。立足新时代的现实场域，文化的发展必然是科学理论与务实实践的有机统一。置身全球化的境遇之中，能否处理好文化理论与文化实践的和谐统一，对于构建良好的文化生态来说变得尤为重要。其中，文化理论需要从政治意识形态和当下普遍适行的知识谱系及认知系统等内容加以把握，文化实践则强调这一意识形态和相应知识系统在现实场域框架下的实际践行。然而，现实实践中二者或这样或那样地存在某种不同一甚至脱节的情况，主要表现在文化形态和人们生活两个层面上，即精英文化和大众文化二者之间转化不畅，文化理论成果跟不上实践的步伐而无法满足广大人民群众的价值诉求。和谐统一的价值预期被这种割裂与脱节所掣肘，其结果直接影响着文化生态安全。当代中国为新型文化业态的建构设定了重要的目标指向——共筑文化生态安全，聚力实现文化理论与文化实践的和谐统一，积极稳妥地满足人民的精神诉求和价值利益。

2. 文化时间与文化空间的精准定位

基于时间的指向维度，文化的时间性即彰显着文化的历时态特征，具体体现为文化的历史阶段性和文化脉络的发展性，诉说着一个国家或一个民族的文化秉性与文化传统。基于空间的存在维度，文化的空间性则强调文化的共时态情况，主要侧重考察某一空间节点上不同文化的生存样态和发展方式，凸显着多元文化的现实性差异，反映着实践主体对待本民族文化和其他文化的态度和方式。历史已实践地证明，文化时间与空间的非理性错位认知与失策，必然导致"厚古薄今""尊西轻中""以西代中"的情况，其结果要么是故步自封、妄自尊大的文化保守主义，要么是抛弃传统、妄自菲薄的极端西化主义。所以，立足新时代的现实发展场域，我国的文化发展必须在文化时空转化中精准定位，理性且合理把握古今中西的关系。习近平总书记强调，对待传统文化不能一以弃之，要提取其优秀精华与现代文化同频共振、融通发展，与此同时，还需理性吸纳他国文化的合理内核。立足当代，我们必须以中华优秀传统文化为根魂，并在充分把握本国文化事情的基点上，立足既定的时空场域倡导文明的交流与互鉴，取长补短、兼收并蓄，不断助推中国特色社会主义先进文化的繁荣与兴盛。① 因此，当代中国文化使命需要从时空维度把握文化的精准定位，进而保证整个国家的文化生态的和谐与安全。

3. 文化生产与文化消费的有机转化

新时代的文化工业以量产文化（包括文化产品、文化服务等多元内容）的方式构建着文化消费的社会。文化生产和文化消费已从悄然的台后跃迁幕前，为人类精神生活提供着全新的文化生态，已成为影响文化生态安全的重要因素。其中，文化生产强调的是文化的创造性活动及其成果，文化消费则更为关注的是消费领域中人们精神的诉求。② 我们通常认为，一个稳定、有序的文化生态系统必然呈现出一种文化生产和文化消费有机转化的良好景象，二者的有机转化确保着文化生态系统功能的有效运转，又推动着文化生态系统更加平稳的发展。进入新时代以来，在文化领域当中发展的不平衡不充分所表征出来的就是文化的生产与消费、文化的供给与需求之间的关系问题。这一矛盾解决，直接关系到文化生态系统的有序平衡问题。就目前来看，缓解我国国内的文化消费需求与文化生产供给不足的主要路径在于依靠境外文化产品的输入。从某种意义看，外来文化的输入和意识传输具有一定的价值导向，这势必对我国文化安全造成或多或少存在安全风险。可以看出，我们党保证文化生态安全的前提条件就在于实现文化生产与消费的有机转化，只有这样才能使文化资源得到充分的利用、文化产品得到有效供给、文化资本得以尽其用。

总之，当代中国文化使命关键在于为实现我国文化事业的繁荣发展创造出"和谐的文化氛围"。国家在文化生态安全之中坚持实现文化理论与实践有机统一、时空场域的精准定位以及消费的供给平衡，才能确保社会主义文

---

① 习近平：《习近平总书记系列重要讲话读本》，人民出版社 2016 年版，第 203 页。
② 李德顺：《人的家园——新文化论》，黑龙江教育出版社 2013 年版，第 55 页。

化事业的有序健康运行，才能为广大人民提供"质""量"双升的文化产品和内容。

（三）构筑中华民族共有精神家园以增强获得感与幸福感

习近平总书记强调，"构筑中华民族共有精神家园，使各民族人心归聚、精神相依，形成人心凝聚、团结奋进的强大精神纽带。"[1] 这一重要论述表明，当代中国文化使命对"精神家园"的高度关切与构筑决心。构筑"精神家园"是对人的此在性及其意义生成的现实关切，是提升人们幸福感、获得感和满足感的应然之举。"精神家园"表征着助力国家发展的内在性动力和引导力。[2] 立足我国多民族共存共荣的现实，增进文化认同，筑牢中华民族共同体意识，共同构筑人们共有的精神家园。

1. 以中华文化认同为基石

纵观整个绵延的历史长河，随着文化习惯的养成、文化情感的加深、文化价值的稳固，这就使得中华民族的文化标识在翻涌的个人价值意识中凸显而出，并逐渐被全国各族人民的所接受，达成对中华文化的自觉性认同。这种文化认同，一方面表现为各民族对非本民族文化的差异性的肯定理解；另一方面表现为各民族间在文化交往或碰撞中求同存异、互通融合的一体认知过程，沿着中华文化的价值框架，交流与碰撞的文化进路中各民族间形成统一的文化凝聚力和向心力，构筑美好的精神家园。换言之，中华文化认同是各族人民在价值建构和文化交流互嵌中，形成对中华民族整体文化的价值归属，表征着民族共同体的价值同一性。国外知名学者马丁·雅克曾说过，自文明产生以来，唯有中国是文明的国度，中国人有着统一的国家理念和共同的文化价值，这完全颠覆了西方人的价值逻辑。[3] 踏上新时代文化使命新征程，中国共产党鲜明地将"实现中华民族文化复兴"的愿景目标镌刻在冲锋

---

① 习近平：《以铸牢中华民族共同体意识为主线 推动新时代党的民族工作高质量发展》，《人民日报》2021 年 8 月 29 日。

② 田烨：《从文化整合到意识自发：构建中华民族共同体的理论逻辑与实践路径》，《新疆大学学报（哲学·人文社会科学版）》2021 年第 5 期。

③ Jacques，*When China Rules the World*，The Penguin Press，2009，p228.

号角上，为此，就必须充分发挥中华文化认同的价值张力，凝聚力量、筑基固本，以最大共识推动构筑中华民族价值共享的精神家园，以"文化逻辑"解密西方思潮的价值所指和文化渗透危机，为中国特色社会主义先进文化建设提供价值系统支撑。

中华民族共同体的文化认同，并非仅靠单向度的传导施压、自我宣传所能达成，其价值理性本就源于各民族文化交流互通的社会实践，其实现过程势必超越文化边界，赖于各民族以尽己所能的价值自觉尊重各自的文化习惯和理念价值，以包容多样的实践自觉寻求共同的价值融合，赢取各民族文化认同的逻辑起点和培育共同繁荣的价值归旨。当代中国肩负起引领中华民族价值自觉与繁荣发展的历史重任。

2. 以中华民族共同体意识为纽带

民族共同体的生成逻辑缘起于共同的血脉关系和地缘联系。在这里，情感、风俗、价值观念和语言文字等得以彼此承认，赓续传承中形成了共有的文化传统和历史脉络，并在长期的历史积淀下构成了有机的文化生命总体，塑造着自身特有的文化印记。因此，中华民族共同体代表了华夏民族共在生存的意识自觉和共荣发展的行为自觉相统一的深刻立场，表达了对文化聚合力的现实诉求。① 以共同体意识为纽带的使命进路，不断促发和增强着各族人民的文化自觉和智慧力量。作为新时代文化使命的引领者，中国共产党从文化复兴的方略目标向中华儿女展现了中华民族的文化走向，挺起了中华民族共同体意识的信念之基和精神归属的价值底色，最大程度凝聚起谱写中华文化新篇章的精神合力。可以看到，只有以中华民族共同体意识为纽带，才能在纷纭复杂的意识形态交锋中站稳价值立场，才能更加坚定对民族身份的文化认同，才能在兼顾追求个人自有全面发展中构筑起价值互认、文明共享的精神家园。因而，价值共有的精神家园的建构要着眼于中华民族共同体意识的培育与养成，这是塑造文化生命总体、赢取价值认同的现实基点。

立足当代，实现中华民族共有精神家园之图景需要以中华文化的精神标

---

① 邹广文：《论中华民族共同体的文化叙事结构》，《哲学研究》2021 年第 11 期。

识唤醒各族人民的文化自觉，凝聚中华民族共同体的思想共识，突出"共同体"的价值指向切实增进人民在精神文化向度的幸福感和满足感。

三、培育勇于担当文化使命的时代新人

"建设什么样的社会、实现什么样的目标，人是决定性因素。"① 当代中国的文化指向与使命图景，必然要重视人这一现实主体的培养问题。围绕"社会主义文化繁荣发展的人才培养"之问，党和国家给出了最新的定位和全新表达，即培养担当民族复兴大任的时代新人。培育时代新人，既是对现阶段文化目标与现实任务关于"角色期待"的理性回应，更体现了我们对当代文化使命建设的关键性认识和长远把握。从国际视角看，立足文化层面的时代新人培育，是应对国际意识形态领域零和博弈逻辑和稳固国内文化良性生态的关键工程；从文化发展视角看，培育时代新人是接续文化建设和发展事业后继有人的希望工程。培育担当社会主义文化繁荣发展的时代新人，具有深刻的国家战略意义和现实意义，是将文化强国之路走深、走实的应然之举和必然之措。

（一）培育具有道德素质和科学文化素养的新时代公民

当代中国文化使命的建设坐标，已清晰指向于担当社会主义文化繁荣发展的时代新人的培养上。德行操守的素质始终是社会和国家对个人的现实期待和人本要求，是中华民族绵延至今从未改变的内在规定性；伴随着信息化、数字化、工业化、现代化的程度加深和广泛推广，科学文化的元素已嵌于文化发展的进程始末，科学文化素养已然成为时代跃迁下新时代公民的必备"技能"。换言之，"时代新人"的内在性涵盖思想道德素质和科学文化素质等两方面内容，进一步明确了培育具有道德素质和科学文化素养的新时代公民的现实任务。

---

① 《党的十九大辅导读本》，人民出版社 2017 年版，第 326 页。

1. 立德为先

"立德"始终是人之为人的根本所在，是国家对个人最基础的也是最核心的现实考量与基本要求。按照中国古人的价值看法，"立德"被置于"三不朽"之首，"德"之高低成为一人能否被重用的评判依据和关键要素。之所以强调"立德"，在于德作为社会关系在行为规范上的反映，彰显了个人的品行特质和处世之道，立德为先方能立足于世，才能形成一个和谐共生、友爱共进的良性社会生态。需要注意的是，"德"不拘于个体存在与发展意义中的"私德"，更要聚焦国家社会层面与集体价值的"大德"。诚如习近平总书记所言，"国无德不兴，人无德不立。"① 新时代的发展境遇和使命任务需要凸显德行为要的思想道德素质，这是时代新人首要具备的主体素质。唯有身具崇高德行品质的时代新人才能不负时代不负民，方能担负起为民族谋复兴的艰巨使命。沿着立德为先的框架思路，党和国家进一步强调了在新时代这一特殊时期公民思想道德素质培育的极端重要性，并从国家意识形态层面明确了社会主义道德建设的核心关键、要旨内容和基本要求等。一方面，要牢固人民立场，将"大德"的坐标牢牢置根为人民服务和集体主义的精神谱系；另一方面，则是在公德教育、道德培育和美德培植中形成互助和谐、友爱共进的社会生态。注重立德为先的思想道德建设工程，建构着一种为国为民的理性规约和价值导向，在调动个人能动性中以德化之力促进着个体自有而全面的发展，在形成良性社会关系中以大德之行续写着国家文化事业的新篇。回顾党的百年奋斗史，各个时期所获成就的背后无不有着思想道德建设的精神支撑。

2. 提升科学文化素质

随着科技的不断进步，国家的文化发展必然要体现在科学的深入发展与广泛运用。科学技术作为人类改造世界的重要实践手段，现已成为人这一主体赖以生存的发展方式。从文化层面来看，科学的特质表现为一种理性思维及其成果中所意蕴的精神信念，更进一步来说，科学文化是在文化系统互动

---

① 《十八大以来重要文献选编》（中），中央文献出版社 2016 年版，第 3 页。

中形成一种不断迭代、更新发展的生活方式。① 当前，面对培育时代新人的使命课题，必须也应该将增强科学文化素质纳入时代新人主体素质提升的内容之列。事实上，新时代党和国家文化事业的发展指向与最终目标始终围绕着"人的全面发展"而展开，这不仅要注重人的进专业性技能和基础性理论教育，还要更加注重人的科学文化素质的提升。新时代的阶段特征与现实任务规定了时代新人的培育重点，即基于科学技术逻辑，不断优化和提升时代新人科学文化层面的知识结构，使其具备良好的科学文化素养。

总而言之，培育具有道德素质和科学文化素养的新时代公民，就是强调"德行"与"技能"的兼顾融合，强调人文素养与专业性知识的有机结合，通过德化教育、知识讲授、素质培养和价值引导的过程，真正塑造出人文素养和科学素质兼备的时代新人。

（二）培育中华优秀传统文化的忠实传承者和弘扬者

培育时代新人，既是对现阶段文化目标与现实任务关于"角色期待"的理性回应，更体现了国家对文化使命的科学性认识和长远把握。立足当代，文化使命任务的完成，必然要培育凝聚力量赓续中华文化——传承民族精神、弘扬中华美德的时代新人。

1. 传承民族精神

在国家发展进程中，民族精神凝结着民族文化的价值内核，其精神张力和价值观念指引并促进着民族的发展与进步。历史的实践活动已反复向我们诉说，一个没有精神内核的民族，是没有脊柱支撑的民族，自然无法自立于纷纭复杂且异彩纷呈的世界民族之林。站在新时代的潮头眺望党和国家的未来图景，无可否认的事实是实现中华民族伟大复兴离不开中华民族精神的持续助力和精神引领。中华民族精神作为各民族文化的积淀和智慧结晶，其精神内容包罗万象，其中最为核心的也是作为时代新人应该具备并赓续的精神主要有两点：其一，自强不息的进取精神。《易传》中记载："天行健，君子

---

① 刘洁民：《从文化视角看科学素养》，《科学与社会》2016 年第 1 期。

以自强不息。"① 中华民族一直以来都以自强进取作为精神表征来鞭策自身，其自强之心、进取之意镌刻在中华民族奋斗的每一个时期、每一个阶段之中，贯穿于中华民族生活的各个角落和生存发展的实践之中，是中华民族之所以亘古不衰、蓬勃发展的不竭动力和精神支撑；其二，忧国忧民的爱国精神。爱国，是中华儿女内心之中最深邃的情感表达，是一种油然而生的崇高民族自豪感，反映了"天下为公"的博大情怀和舍小我成大我的价值追求，唯有爱国之人方能体会并关注国之大者，也唯有爱国才驱动着一代代人民接续拼搏、共向未来。

2. 弘扬中华美德

中华优秀传统美德所蕴含的不仅是基本的道德规范和价值理念，还渗透着中华民族千年历史积淀的思维逻辑和生活方式，是中华民族内置的文化基因，关注着民本、正义、和平、仁孝等各种价值追求，具有协调人际关系、维系社会良序以及推动文化发展等现实功效。无论时代如何跃迁，生存方式如何革新，中华优秀传统美德总是与人民的精神生活和道德实践紧密相连。主客观的价值需求和现实要求都向我们昭示着，新时代的育人使命需要将弘扬中华传统美德的实践嵌入其中。一方面，要深度挖掘中华传统美德中的思想资源，尤为注重对传统美德的大力弘扬，将传统文化蕴含的民本、和谐、仁爱等思想资源与现代社会的时代要求相融合，接续传统、赓续弘扬，充分凸显中华传统美德的价值旨趣和永恒魅力。另一方面，要深化中华传统美德的现实践行，把尊老爱亲、正义济困、惩恶扬善等传统美德融入新时代人民精神生活，继承创新、积极践行，转化为现代文明的鲜明标识，并不断推进当代道德建设的实践工作。聚焦新时代的文化使命，我们以严肃礼敬的态度自觉看待中华美德，挖掘弘扬、守正创新，使之成为时代新人的基本素养。

中华优秀传统文化所内置的民族精神和传统美德，是中华民族之河从未干涸的活水之源，是中华民族繁荣昌盛的宝贵精神财富和精神支柱，凝聚着亿万中华儿女的心灵归宿和精神血脉。基于此，培育时代新人的使命语境中，中华优秀传统文化的弘扬与传承理应囊括于实际的培养工程实践之中，

---

① 《周易》，杨天才、张善文译注，中华书局 2011 年版，第 8 页。

我们有责任有义务真正将中华传统文化传承好、挖掘好和弘扬好。

（三）培育社会主义文化强国的坚定推进者和建设者

迈入新时代，面对新形势下的新要求和新使命，中国共产党审时度势、高瞻远瞩明确提出了"推进社会主义文化强国建设"的思想和战略目标，并指出"加大创新人才培养支持力度"。从国家战略和政策层面明确了文化人才培养的极端重要性，将使命内容清晰地点明在"人才"这一决定性关键要素上，这是新时代我们担负文化使命的题中应有之义。

1. 注重文化人才培养

在文化强国的进路中，文化人才的培养工作具有在场的战略价值和现实图景。聚焦新时代的历史方位，文化人才的培育已印刻在文化使命建设的蓝图上，而基于现实培育资源而言，育人阵地特别是高校对文化人才的塑造与培育发挥着基础性、关键性的作用，对文化领域的人才建设具有持久且深邃的影响。然而，纯文化产业专业的"双师型"教师极为短缺，这就很难为文化领域人才建设给予更为专业、系统的指导和培育，自然导致文化人才培养的"质"难达标与"量"数不足的现实窘境。从长远来看，培育社会主义文化强国的坚定推进者和建设者需要有针对性和指向性。这就需要着眼于文化产业的现实特征、推进策略、发展逻辑等，培养的应是复合型与应用型两者兼顾的实践性人才。这意味着，文化人才的培育阵地需要抓好专业性知识和实践性教学两个环节，在新时代社会主义文化强国的发展进路中思考如何造就勇于创新、结构优化、专业性强的文化人才队伍，为文化现代化发展提供强劲的人才保障和智力支持。

2. 推进文化人才梯队建设

在新时代的文化使命语境下，基于"塔式结构"的视角来看待各类文化人才的发展问题，利于搭建起推进社会主义文化强国的文化人才梯队。文化人才梯队基础组成了一种"塔式结构"，处于底座部位且基数最大、发挥着基础性作用的是基层文化人才队伍，该梯队的人才讲求不拘一格，广泛挖掘文化、历史、艺术、管理等不同专业、不同领域、不同背景各类人才，以广而培植的理念培养一直规模宏大、开拓创新、适应力强的基层文化任务队伍，进而满足文化事业发展对人才培养上量的需求；处于中部且发挥着中坚作用的是专业文化工作者，这部分群体应具备较强的文化领域专业素养和技能水平，具体推进中，以专精的培养思路培育文化领域的专门性人才，以期应对文化强国道路中的大部分难点和技术性瓶颈，他们扮演着承前启后的角色作用；处于塔尖位置并内具"引领作用"的是高层次领军人物，在现实场域中，需要在环境营造、机制培育等方面实现对人才的优化培养。总的来说，推进文化人才梯队建设，是加快社会主义文化强国建设的必由之路，这对于聚民心、增认同、升国力和维护国家文化生态安全有重要意义。

必须承认，文化人才培育是否成功直接关系着文化事业的成败，把"培养什么样的人""怎样培养人"这两个问题解决了，自然就解答了文化领域的建设难题，回应了文化发展的思路问题，破解了文化产品的需求问题，满足着人民多样化的精神诉求。立足当代，中国肩负着培育担当社会主义文化繁荣发展的时代新人的使命任务，这既是人民的期待，也是民族重托。

四、推动中华文化走向世界舞台以扩大影响力

当前，我们处于百年未有之大变局的世界格局之中，发展的不稳定性与未来的不确定性交织叠加，并越来越凸显于人类文明的进路上。"人类文明向何处去"的现实考量与世界人民的发展命运紧密结合。从人类文明发展的大格局出发，中国"始终把为人类作出新的更大的贡献作为自己的使命。"[1]我们党以兼容并包、胸怀大者的态度提出了构建人类命运共同体的文化文明观，充分彰显了为人类文明进步做贡献的担当精神。

（一）尊重文化多样性促进世界文明交流互鉴

从历史发展的逻辑看，世界各国的文化自产生之日即因地域、发端等不同而呈现出异质性的特点。在世界局势处于"大变局"的时代，多样并存的

---

① 《十九大以来重要文献选编》（上），中央文献出版社 2019 年版，第 40—41 页。

现实场域存在着碰撞、冲突甚至抵制的不良趋势。在探寻破解文明冲突的进路上，中国共产党人一直在努力，始终强调尊重文化的多元，以文明互鉴超越文明冲突，并主动担起"为世界谋大同"的使命重任。

1. 尊重文化多样化

从人类文明发展之宏观与微观视角相结合的向度看，尊重文化多样化是人类文明进步的发展进路，是新时代现实场域下推进各国文化繁荣的必由之路，具有合规律和合目的的双重价值。毫不夸张地讲，文化的多样并存形塑着异彩纷呈的世界文明。习近平总书记指出，"文明因多样而交流，因交流而互鉴，因互鉴而发展。"① 在人类历史的文明演进过程里，任何一种文化的发端、萌芽与发展，都凝结着人们在那个阶段、那段历史的精神财富和智慧结晶。基于世界意义的视角，新时代的文化使命势必呼唤对文化多样性的尊重、坚持与维护。实质上，尊重文化多样性也就意味着包容性，表征着冲突渐为减少与和平态势的普遍形成。必须承认，文化多样性助推着整个人类文明史的和平演进和长足发展。那些所谓的文明一元论或文明冲突论，以文化的同质性解构着多元文化平等对话的权利，否认文化多样性才是世界动荡和不稳定的重要因素。应该看到，"尊重多样化"从未离场，也正因为对多样性的尊重才铸起了一座座人类文明进步的里程碑，因而，尊重文化多样化不仅能够解密文明冲突背后的价值悖论，在国际意义上也打造着异彩纷呈的文明世界。

2. 促进文明交流互鉴

习近平总书记明确指出，"对丰富多彩的世界，我们应该秉持兼容并蓄的态度，虚心学习他人的好东西。"② 从文化共享的维度理解，"学习他人的好东西"其实就是强调各种文明间的交流互鉴，尤其注重文明间的"互通有无"和"取长补短"，西方国家的近代文明以及中华文明长久不衰无不印证着这一点。换言之，文明因交流而发展，文明关系的主线脉络彰显的是多元共存基础上的交流互鉴。一方面，世界意义的文明互鉴交流，有力地打破了

---

① 《习近平谈治国理政》第 3 卷，外文出版社 2020 年版，第 468 页。
② 《十八大以来重要文献选编》（中），中央文献出版社 2016 年版，第 60 页。

单一文明的发展局限和东西文明"二元对立"固有思维，并在各文明的差异性对比中明晰自身文明的优势和短板，进而实现对自身文明的二次飞跃；另一方面，在批判与超越中形塑新型世界文明交往范式，平等基础上文明对话使彼此成果共享、价值互鉴并尽显其能，有力构建着和谐相待、尊重包容、互助共进的世界文明新秩序。置身新时代的历史新方位，中国共产党人自觉扛起"为世界谋大同"的文化使命，积极推进着世界范围内的文明平等对话，以负责任的大国姿态廓清着"交流—互鉴—共存"文明沟通模式，以勇于担当、敢于作为的实际行动向全世界人民阐释着"文明共生论"的深刻意蕴。

（二）积极参与世界文明对话超越文明隔阂

在文明发展进程中，参与世界文明对话具有在场的战略必要。在"对话式文明"一词的发明者杜维明看来，它强调文明间和平共处、平等对话前提下的跨文化共识，是一种跨越边界的世界性文明。沿着此逻辑，参与世界文明对话的实质就是强调非对抗性的文明互动和倾听借鉴，在互助共进中构建起包容性的世界秩序。反观冷战后的西方列强，在文化霸权的思维框架下，一直运行着单向度的文明输出模式，摒弃文明间的双向平等对话，"以高人一等的姿态面对异质文化"①，其结果不免是文明隔阂的扩大与深化，不得不说，西方主导的文明秩序必然内隐自我倾覆的元素。不论是亨廷顿的文化冲突理论，还是当今世界颜色革命、宗教圣战等惨痛事实，都深刻诉说着文明隔阂的恶劣影响和强大的破坏力，世人渴求世界文明的平等有益对话。因此，开启世界文明对话，不仅可以在国际交流比较中发展自身文化、扩大文化认同度，还能"以文化交流超越文明隔阂"，进而真正建构起建立更包容、更和谐、更平等的全球文明新秩序。

基于人类文明进步的自我审视视角，中国共产党始终认为东西文明的常态不应以碰撞、抵制和冲突为表征，而是要时刻保有互尊互敬、互通互融的对话范式。置身新时代的文化场域，以习近平同志为核心的党中央顺应大

---

① 项久雨：《新发展理念与文化自信》，《中国社会科学》2018 年第 6 期。

势，远见卓识地提出了极具大国风范的人类文明交往观，即在保持各自文化独立性前提下的和平共处、平等对话，向世界人民诠释了一种崭新的文明交往逻辑。

（三）讲好中国故事传播好中国声音

从国际视角来看，当前西方发达国家在国际话语权方面仍然具有绝对的优势，这种话语优势源自于其强大的资本力量。西方国家在国际话语体系的建构中常常带有很强的政治色彩，尤其在面对中国奇迹的现实图景，试图制造"中国威胁论""强国必霸"的舆论来影响其他国家对中国的认知与了解。西方国家以话语主导之优势消解着中华文化的影响力，严重影响了中华文化的对外传播。我们从这一视角出发，可以看出当代中国文化使命应进一步加强对外话语体系的建构，在叙述中国故事的进路中传播好中国。

1. 讲好中国故事

讲好中国故事，充分体现了我们党对构建赋有中国特色的"话语叙事"的高度重视。于现实语境而言，这种独特"话语叙事"充分体现了我们党胸怀天下的大国担当和对人类共有事业的现实关照。中国故事就是"关于中国的政治、经济、文化、社会、民族等一系列真实事件的讲述"①，中国故事表征着中国人民团结一致的奋斗史，体现着中国从贫困落后走向富强民主艰苦奋斗的拼搏史，蕴含着中华五千年多年的文明史等等。叙述好中国故事的基点在于真实且动人的"中国故事"，其有效推进的关键之处在于如何"讲"好，"讲"是实现价值归旨和既定内容的手段方式。那么，讲好的前提是要向世界展现出最真实的中国、最真切的民族、最真诚的人民，从而塑造良好的国家形象。通过讲好中国故事，来增进同世界上其他国家和民族的友谊，使其深化对中国历史和文化的了解，进而消弭对"中国威胁论"的杂音。此外，要把打造融通中外的话语表述，展现出中华文化的独有魅力，切实阐释好中国特色的特色之处。也就是说，我们只有讲好中国故事，才会让世界上更多的人了解和认识中国——中国的发展同世界的发展、同整个人类的发展

---

① 姚旭、展姿：《讲好中国故事 塑造国家形象》，《新闻爱好者》2017 年第 2 期。

休戚相关，为世界的发展贡献中国的力量，以此提升中国的国际话语权。

2. 传播好中国声音

当代中国文化使命的重要任务之一就是传播好中国声音。传播好中国声音所具有文化意蕴，构成了新时代中国共产党国际文化传播的核心议题，内在的规定了社会主义文化建设的目标使命。也就是说，传播好中国声音是当代中国走向强起来所要做出的时代回应，是应对国际局势的现实所需。传播好中国声音彰显着中国共产党推动人类文明交往话语范式的新理念，中国声音只有被有效地传播出去，才能被世界上更多的民众所接收、认知和了解。那么，又该如何传播呢？解决这一问题的关键在于打造符合国际对话交流模式一流媒体和专业的团队，这种声音的传播既要符合中国的发展国情，又要符合对外传播的话语体系。向世界发出中国最强音，表达出中国人民的精神追求，传播出中国"为世界谋大同"的理想愿景。国外民众深入理解中国的社会、经济、文化、政治的每一步，都是通向认识与把握世界和平发展内在理路的一步，打造出中国独特的话语体系。

总之，新的文化使命之"新"，就是要以习近平新时代文化建设思想特别是党的最新文化理论创新成果为根本遵循，以社会主要矛盾为现实基点，以满足人民的精神文化需求为价值旨归，积极融入新时代文化发展的潮流之中，带领广大人民实现新的历史阶段赋予的新的文化使命，不断推进社会主义文化强国建设。

第六章　当代中国文化使命的实践路径

当代中国文化使命面临着全新的发展境遇，如何在"百年未有之大变局"的世界发展大趋势下，肩负起新的文化使命，成为本章所要探讨的重要内容。注重本领建设的根本在于"能力"的提升，能力是一个政党必须具备的素质，是其正确认识、分析、解决问题的本领。通过提升文化领导能力建设为基本前提，以文化创新能力建设为动力，确保主流社会主义文化的生机与活力，为实现民族复兴培根铸魂；以党的文化建设能力为根本，推动社会主义文化事业的繁荣发展；以推动中华文化的国际传播能力建设为重点，铸就中华文化新辉煌。

一、提升文化领导能力

"党政军民学，东西南北中，党是领导一切的。"[1] 文化使命的实现进路理应且必然需要我们党的引领，而这一切的关键指向着党的文化领导力现实增强和务实建设。党的文化领导能力是确保文化使命目标达成的重要保障，直接关切着文化建设的价值指向和发展方向的正确与否。文化使命贯穿在党的百年奋斗历程中，我们从中国共产党领导人民实现民族文化复兴的百年发展历史中来把握党的文化领导能力建设。强调思想先行、坚持人民立场、强化改革创新等视角，这是我们完成新时代文化使命任务的重要政治保障。

---

[1] 《十九大以来重要文献选编》（上），中央文献出版社 2019 年版，第 14 页。

（一）坚持中国共产党对文化工作的领导权

从理论上来讲，中国共产党的文化建设经验与党的文化领导能力之间是紧密相连的辩证关系。文化使命贯穿在党的百年奋斗历程中，不管遇到多么复杂的国际形势，以及严峻的国内环境，中国共产党人能够应对各种思想文化领域中的风险和挑战，化解文化危机，不断积累社会主义文化建设经验。中国共产党的坚强领导是文化事业蓬勃发展和中华文化繁荣昌盛的重要保证和方向指引。

1. 巩固马克思主义在文化建设中的指导地位

唯物史观视角下的马克思主义文化观，以其深邃的思想科学地揭示了文化本质，透析着文化发展的普遍规律和一般性进路。实际上，马克思在阐释人类文明发展的过程中已经注意到文化使命的理论范式，只是这种分析之显示出了一种隐性的逻辑。马克思主义文化研究要从"现实的人"出发，在对资本主义的批判的基础上指明无产阶级革命运动致力于"消灭私有制"，讲求对旧存体制和暴力机器的彻底性打破，在思想上建构新的价值理念——即共产主义的文化价值理念。质言之，在马克思主义文化理论当中，其实已经隐含了无产阶级政党的文化使命，聚合全世界无产者的力量投身于人类解放的事业中，不断实现人的自由全面发展。换言之，无产阶级政党的文化理想始终以人为中心，其彼岸的价值归旨指向"人的本质的真正复归"。置身中国现实的文化场域，我们党始终将马克思主义作为强大的思想武器，它不仅是我们立党产国的根本指导思想，更是当代中国文化使命的指导思想。中国共产党在担负文化使命的百年发展历程中，始终坚持用马克思主义分析和解决社会主义文化发展道路中遇到的风险与挑战。当代中国文化使命必须始终坚持马克思主义的指导地位，用马克思主义的科学理论指引文化使命的建设实践和发展进路，推动中国特色社会主义文化发展的新篇章。

2. 坚持以人民为中心的文化发展理念

中国共产党自诞生之日起就把"人民性"特质铭刻于政党使命之中，"以人民为中心"根植在党的价值理念最深处而从未动摇。可以说，"以人民为中心"是我们担负文化使命这一历史重任的价值导向，而且这种价值理念贯穿于各个历史时期的使命担当中。将"人民"放置于文化创作的中心位置，表征从国家层面上对文艺创作要彰显人民性的高度重视。应该看到，"人民"的重要性，既彰显于文化使命的内容设定上，也凸显在使命任务的达成行为上，以人民为中心的文化发展理念已清晰擘画在新时代党的文化使命图景之内，表征着中国共产党文化使命的价值指向和现实的践行逻辑，又是党完成文化使命的根本动力。站位新时代的现实场域，人民精神文化的诉求是文化使命的现实基点和价值旨归，反映出中华文明中"民为邦本""得民心者得天下"特有的文化基因。更为重要的是，人民性是无产阶级政党文化使命阶级立场的根本体现，表征着中国共产党为人民谋幸福的文化使命。因而，提升文化领导能力必然要坚持以人民为中心的文化发展理念。

3. 提升文化领域供给侧结构性改革的能力

立足当代，我国文化产业结构的发展尚未得到最大限度的优化，仍然具有较大的发展空间。中国共产党从国家宏观层面上来对文化领域进行供给侧结构性改革不仅顺应了时代发展的新趋向，更有利于满足人们新的文化消费需求。我们从供给侧结构性改革的视角来看，中国共产党改革能力提升的关键在于要破除文化领域当中有碍于发展的体制机制壁垒，以结构优化促成文化发展动力的现实性转换，达成文化产品在供需层面的平衡状态，进而为人民提供更多优质的文化产品。可以说，聚焦文化场域的供给侧结构性改革，真正切准了文化发展的现实症结和矛盾凸显点。毋庸讳言，一个文化发展协同性差、文化发展不均衡、文化发展成果只是惠及少数人的国家是很难突破瓶颈并实现又好又快发展的。这些问题的症结表现在不同的方面：一是从区域发展情况来看，城乡区域之间的文化的基础设施发展不平衡，影响到了人们对高品质的文化生活需要；二是基于供给的维度看，文化领域人民期待的质优产品，不论是在种类的供给还是质量的呈现上都与现实性要求有差距；三是从文化的结构上来看，传统文化产业所占的比重较大，而新兴文化产业发展相对后劲不足，需要进一步去培育。将供给侧结构性改革与党的文化使命分别在经济领域与文化领域轨道上相互联结，共同塑造出新时代中国文化发展的总体实力，以多样的产品输出满足人民多元的价值诉求。只有不断提升文化的改革能力，才能破解我国文化发展进程中所遇到的难题，使我国的文化产业朝着正确且有活力的方向运行，持续推进文化的高质量发展。

总而言之，党对文化使命的领导权是中国共产党文化领导力的重要体现，进一步提升党对文化使命的领导权关键在于坚持思想先行，把马克思主义立于文化建设思想的首位。文化使命的核心领导在党，而人民始终是文化使命的内在价值归旨。立足当代，要切实提升供给侧结构性改革的能力，以结构优化促成文化发展动力的现实性转换，创造"质"优"量"多且符合人民精神需要的文化产品，增强人们在文化上的幸福感和获得感，这是我们完成文化使命任务的重要政治保障。

（二）坚持文化发展的正确发展方向

道路决定方向，方向决定命运。文化使命的现实领导力主要体现在对社会主义文化发展的方向指引和准确把握上。也就是说，要坚持社会主义文化的发展方向，方能引领新时代的文化使命。

1. 把握社会主义文化发展的性质

如何能够引领文化使命，关键在于对社会主义文化有着清醒的认知。聚焦文化场域，其发展方向的正确保持和精准指引，需要对社会主义文化性质加以深刻且充分的把握。我国的文化发展必然也将长期在"公有制"基础的社会主义文化进路，与资本主义的文化有着本质上的区别。正如马克思所指明的，"占统治地位的思想不过是占统治地位的物质关系在观念上的表现"①，这一论断是马克思对资产阶级意识形态的深刻揭露和批判，指明了在资本主义社会当中资产阶级的文化是建立在"私有制"基础上，是"资产阶级历史文化传统"的产物，并且带有一定的虚假性和自私性。那么，置身新时代的现实图景，中国的文化使命必然内含社会主义的文化属性和精神特质，在把握社会主义文化发展性质的基础上将我国文化建设步伐走得愈加坚定且有声有色，向世人呈现出了一条具有"中国特色"的社会主义文化发展进路。必须承认，这条"特色"之路正指引着文化使命的践行方向和确证着文化发展的价值指向。实际上，这是中国文化使命定力的表征，中国的文化

---

① 《马克思恩格斯选集》第1卷，人民出版社2012年版，第178页。

使命是牢牢把握本民族文化发展命脉的根本所在。也就是说，一种文化使命是否具有定力，就是要看能否坚守自身文化发展的根本方向，同时能够发挥对其他文化的引领作用。把握文化使命的方向，才能更好地担负为民族复兴培根铸魂的使命任务，为中国人民和中华民族构建美好精神家园。

2. 坚守中华文化的立场

立足当代，"坚守中华文化立场"的现实性遵循和倡导，凸显了我们党对社会主义文化建设的现实考量和关照。我们所说的中华文化立场，不是对传统文化的简单复归，而是在对中华文化的优秀基因继承的继承的基础上实现创新发展。只有不忘本来才能更好地开辟未来，善于继承才能更好地进行创新。只有对中华文化有着充分的认知和肯定的基础上，进一步明确社会主义文化的发展方向，才能不断增强对自身文化发展的自信心。也就是说，中国共产党文化使命的领导力，不仅要有方向上的定力，还要有以立场上的定力。坚守中华文化立场意在警惕社会当中存在的错误立场而带来的危害性，如文化虚无主义的文化立场、历史虚无主义的文化立场等等。总而言之，坚守中华文化立场不是一时兴起的想法或冲动，是深化党和国家文化事业深度发展和持久发力的关键命题。"坚守"既是立场的现实表达，更是对中华文化的强大自信的外在彰显。

（三）推进马克思主义基本原理同中华优秀传统文化相结合

纵观中国历史发展中的文化进路和中国马克思主义的发展脉络，社会主义文化的价值理念予以文化建设的价值指向，中华优秀传统文化予以文化建设的根脉支撑。习近平总书记指出，"把马克思主义基本原理同中国具体实际相结合、同中华优秀传统文化相结合"①。这为我们把握当代中国文化使命的正确方向给予了有力回应和解答。科学解析文化发展的内容设定、理路方向，合理应对文化建设途中的矛盾点、困难点，指引着文化使命的价值旨归和目标实现。新时代中国共产党应坚持最大限度地把中华优秀传统文化中崇德的修身之道、民本的价值导向、和谐万邦的处世之道、天人合一生态理

---

① 《在庆祝中国共产党成立100周年大会上的讲话》，人民出版社2021年版，第13页。

念等思想精髓与发展着的马克思主义相结合，才能实现推动新时代中华文化的新发展。

概言之，提升文化使命的领导能力，要坚持社会主义文化发展的正确方向，真正做到以社会主义文化性质为根本，以坚守中华文化立场为现实基点，不断推进马克思主义基本原理与中华优秀传统文化紧密结合，为实现中华民族文化复兴凝聚最大民心和强大精神支撑。

（四）以自我革命引领新时代文化发展

立足新时代的发展图景，文化使命的重任堪当呼唤过硬的自身本领，使命进路的新突破新发展需要自我革命的精神予以加持。正如习近平总书记所言，"有没有强烈的自我革命精神，成为决定党兴衰成败的关键因素。"[①] 中国共产党的自我革命关系到当代中国文化使命的发展。中国共产党作为马克思主义使命型政党，必然要进行自我革命，以实见中华民族文化复兴的伟大梦想。

1. 锤炼中国共产党人的革命意志

立足当代，中国共产党在文化建设领域当中面临着更加复杂的局势、更大风险的挑战以及各种矛盾问题。历史和实践都证明，勇于自我革命，锤炼革命意志是我们党取得革命胜利的法宝。回顾我们党的百年奋斗史，中国共产党以顽强的革命意志，淬炼了中国共产党人英勇不屈的坚毅品质。中国共产党在实现"中华民族文化复兴"使命任务的道路上会遇到各种艰难险阻，那么该如何锤炼中国共产党人的革命意志呢？

一是在赓续传承中磨炼意志的文化底色，一方面要立身中华传统文化的优秀基因，不断锻造自强不息的踔厉精神，另一方面则需要革命文化和社会主义文化中汲取不畏艰险、踔厉前行的精神特质。二是要坚定理想信念。无产阶级政党把实现"共产主义文化"作为最高使命追求，这就需要中国共产党对共产主义充满信心，形成中国共产党独特的精神标识。三是要将革命的理想融入文化使命担当中，将革命意志转化为完成文化使命的现实动力，开

---

① 《十八大以来重要文献选编》（下），中央文献出版社 2018 年版，第 591 页。

创社会主义文化事业新辉煌。

2. 进一步优化党内的文化环境

纯洁的党内文化环境能够提升党的自我革命精神；相反，如果党内文化环境受到侵蚀，就会不利于党进行自我革命，进而会影响党的初心和使命。党内文化环境能否得到优化，就在于党对自身是否有深刻的认知，即文化上的清醒。一是要自觉抵制内部不良思想和价值取向的侵蚀毒害。敢于破除党内封建迷信思想、阶级特权、圈子文化等腐朽思想，用社会主义先进文化来引领文化使命的新发展。二是要树立党内政治文化自信这一刚性支柱，坚决同"西化""僵化""腐化"的错误思想做斗争，勇于批判敢于批判，坚守党内文化自信。三是要强化党内监督，这是优化党内文化生态的重要保障，中国共产党人要努力构建风清气正的文化生态。通过内在约束，不断提升对文化使命的领导力，确保社会主义文化朝着正确的方向发展。

总之，只有深刻洞察并认识国家文化发展的战略态势，以提升文化领导力为核心打造卓越的领导艺术，才能以文化的方式领导文化，从根本上解决文化发展方向、动力、目的、机制等问题。

二、增强文化建设能力

进入 21 世纪，党中央高度重视我国文化事业的发展，对建设社会主义文化强国提出了一系列的重大部署和规划，这对我国文化建设能力方面提出了更高的要求。在某种程度上来讲，文化建设不仅仅是推动社会主义文化文化事业繁荣发展的重要保证，更是我们完成文化使命任务的重要途径。文化建设在"五位一体"的总体布局中占有重要的位置，对增强文化建设能力问题的考查应当在科学把握文化发展规律的基础上，不断优化文化建设工作的方式方法，进一步提升文化领域中的统筹力。

（一）把握文化发展规律

从马克思主义唯物辩证法的视角出发，客观存在的事物其发展不是僵化的、一成不变的，而是蕴含着一定的发展规律。那么，文化的发展必然有一定的规律。针对文化发展规律这一问题，我们不能将其简单地理解为一个理论问题，实际上则是一个重要的实践问题。能否科学把握社会主义文化发展的一般规律、特殊规律和普遍规律，对我国文化事业的发展来说至关重要。习近平总书记强调指出了，"中国特色社会主义文化发展道路，揭示了我国文化发展规律，是推动社会主义文化繁荣兴盛的唯一正确道路"①。从这一论断当中，我们可以看出，中国特色社会主义文化发展道路就是我们党提升文化建设能力的根本遵循，切切实实地扎根中国大地上搞文化建设，彰显出本民族的文化特色。

1. 立足当代，求真务实

马克思主义文化发展理论从认识论、方法论等多维视角中为我们理解社会主义文化发展规律提供了理论支撑。正如恩格斯所言，"我们只能在我们时代的条件下去认识"②。这一论断表明认识社会主义文化发展规律应当遵循"我们时代的条件"这样的原则。我们所说的立足当代、求真务实在一定意义上对把握新时代我国文化建设的发展规律具有很大的启示意义。可以说，我们当前所处的时代，不仅是彰显中华文化魅力的时代，更是推动中华文化走向世界的全新发展坐标。我们党的文化建设，需要积极应对时代发展所带来的一些难题，特别是人们在文化思想领域当中一些困扰。回顾中国共产党文化建设的百年历程，不难发现，我们党在文化建设方面也曾经历过很多困难和挫折，积累了一定的经验。这些经验表明了科学把握文化建设规律的重要性。进入新时代，党和国家把文化建设提升到国家安全的战略高度，对其进行了精准定位。那么，在这一过程中，我们又该如何理解"求真务实"。不言而喻，这种"实"是从历史维度、空间维度和实践维度中来推进我国文化建设。这实际上是在"求真"的基础上"务实"反映，对社会主义文化发展的规律性认识，充分反映了时代之所需，人民之所愿。

2. 和而不同，尊重差异

在基础理论部分，我们已经对和而不同的思想进行了一定的理论阐释，

---

① 《习近平新时代中国特色社会主义思想学习纲要》，学习出版社 2019 年版，第 138 页。
② 《马克思恩格斯选集》第 3 卷，人民出版社 2012 年版，第 933 页。

作为一种智慧资源，对新时期文化建设具有非常重要的意义。和而不同的基本前提是尊重差异，其真实意图在于提高文化建设的治理效能。和而不同并非排斥其他文化，更不是同低劣的文化同流合污。在某种程度上来讲，和而不同是文化哲学的最高境界，不仅以宽广的胸怀接纳多种多样的文化，还更加尊重不同文化的差异性。质言之，和而不同、尊重差异打破了西方非此即彼的二元对立思维模式，改变了现实生活中把文化建设僵化、守旧的现象。古语有之，"一花独放不是春"，亦在说明多样的文化对于社会的进步发展来说十分重要。显然，中国共产党在进行文化建设中需要秉持这种价值理念，将其运用到实际工作中，在深远意义上推进我国文化繁荣发展。世界文化发展千姿百态，需要用科学地去鉴别文化，在多样的文化中选取有利于社会主义发展的文化思想。在文化建设过程中，要充分尊重其他国家和民族的文化，吸收和借鉴有助于我国文化事业发展的文化思想。

3. 为我所用，体现特色

一般而言，从为我所用，体现特色的视角来理解文化发展的规律，其中，最为核心的关键点就是对中国特色社会主义文化发展的一般规律、普遍规律等规律方面有一个科学认识。这种规律性的认识旨在要求我们党不断地去探索、总结、分析、归纳文化发展的阶段性特征、民族性特征、时代性特征等。正如习近平总书记所强调的那样，"概括出有规律性的新实践"[1]。这一论断充分表明，文化发展具有一定的"求新"规律。也就是说，文化发展不能停滞不前，而是要与时代同频共振。质言之，为我所用的关键在于促进国内外的文化交流，以此来增进人们之间对不同文化的共识，提高对本民族文化的认同。文化交流的前提性条件是要体现特色，这种特色则彰显在对中华文化立场的坚守上。在文化交流的过程中，秉持自身文化发展的特色，其他的文化则是要为我所用，也就是我们通常所说的"它山之石可以攻玉"，以此来发展丰富自身的文化。可以说，当今世界正处于大变革的发展阶段，世界文化格局也在不断地调整。那么，我们党想要在文化建设能力方面有所提高，就要学会用这种哲学智慧，这种正确的价值理念来引领文化发展。显然，

---

① 《习近平关于社会主义文化建设论述摘编》，中央文献出版社 2017 年版，第 88 页。

这种"为我所用，体现特色"的思想，实现了从价值理念到微观实践的推进。对于提升党的文化建设能力而言，社会主义文化发展道路离不开对科学价值理念的显扬。我们所倡导的文化发展理念，同西方的文化观有着本质上的差别。可以说，这种创新发展理念打破了西方的文化治理模式。在新时代要想实现文化建设的新飞跃，中国共产党人就要坚持为我所用，体现特色的文化理念，自觉肩负起社会主义文化发展道路所应肩负使命任务与责任。

（二）优化工作方式方法

文化建设能力建构始终离不开领导的方式方法的不断调整，这种方式方法的不断优化在实践层面上构成了提升文化建设能力的一个重要方面。中国共产党作为引领文化使命的主体力量，切实担负起推动我国文化发展进步的政治责任、使命责任。在文化建设领域的责任担当，不仅仅是因为党员领导干部在"多元"与"一元"文化碰撞、多样化社会思潮以及人们多元多样多层次的文化需要的时代背景下，提升文化建设的水平，加强文化建设能力的重要环节，更是实现民族文化复兴、与人民同呼吸共命运的价值所在。站在新时代的新起点，我们党只有不断优化自身在文化建设中的方式方法，方能完成时代所赋予的使命任务。因而，需要从党对文化工作的引导方面、循序渐进的推进文化工作方法以及自觉地落实文化发展方针政策方面入手。

1. 加强党对文化工作的引导

人们对美好生活的向往超越以往的物质维度，更加注重对精神层面的文化维度。可以说，人们的幸福感提升很大程度上在于我们能够把文化建设工作做好。新时代的文化建设工作不是个体的工作，而是需要中国共产党这样一个富有创造性的引领者。政党引领是新时代文化建设的根本特征和巨大优势，可以保障新时代文化建设的顶层设计、战略目标的确定性和持续性。基于新时代文化强国建设工作的复杂性和艰巨性，中国共产党将对文化工作的引领嵌入到国家文化发展的目标体系中，从国家层面不断彰显对意识形态的掌控力。可以说，文化工作的引导不仅包括舆论引导、价值引领、凝聚民心，还包括保障公民所享有的文化生活有序地开展。一方面，从国家安全的角度来看，党的文化工作要起到维护国家文化安全的重要作用；另一方面，从意识形态层面上，要有效防止不良社会思潮对人们理想信念产生消极影响。由此可见，需要进一步提高我们党对文化工作的管理能力，优化社会文化领域当中的一些结构要素，形成与国家发展、时代发展相适应的具有中国特色的文化价值体系，从这方面入手来加强对文化工作的引导。概言之，加强党对文化工作的引导构成了满足人们精神文化需要的重要着眼点，采用大众喜闻乐见的方式来引导文化工作，营造积极健康的文化氛围。在中国共产党的正确领导、组织、引领下，不断实现人们对美好生活的精神文化需要。

2. 分类指导循序渐进的工作方法

优化文化工作的方式方法离不开对文化工作的有力引导，但也离不开分类指导、循序渐进的工作方法作为重要的支撑，这是当代中国不断向前推进和发展文化建设工作的前提性条件。文化建设工作不是在思辨中进行的，而是在不断地掌握科学的工作方法下进行的。一般来说，分类指导是指在文化建设过程中，根据不同文化的形式、不同层次的文化内容、不同阶段的文化目标、不同领域的文化特征，进行分类划分，有针对性地开展文化实践工作，凸出强调各地区、各领域、各层次文化实践的合理性。从分类指导上来推进文化实践的有序进行，以便呈现出有层次、有关度、有深度的工作方法。一是在文化内涵方面进行分类指导，主要体现在对主流文化和非主流文化、中华文化和西方文化的差别、核心价值观同其他社会思潮的一个分界，彰显马克思主义在文化工作中的一元主导地位，凸显核心价值观的引领作用。二是在文化形式上的分类指导。文化形式不仅要关涉文化事业、文化产业、文化产品的供需，还关涉物质生产力与文化生产力等众多形式，在全面把握这些关系的前提下给予分类指导，以此来调动人民文化创作的积极性。三是在文化主体方面的分类指导。文化主体所指的必然是中国共产党这一领导核心，要充分发挥党员干部在文化建设中的核心地位，特别是对文化工作的顶层设计与统筹规划。在提升文化建设能力方面，需要在分类指导的基础上循序渐进地开展工作。我们应当认识到循序渐进的工作方法，在一定程度上是可以有效避免文化产业和文化事业发展中存在的一些问题，比如说对文化建设工作的非常态化、非制度化等现象的纠正。随着文化体制、机制改革的不断深入，在处理文化领域当中所遇到问题的方式方法也要随之发生改变，以适应时代发展的需要。

3. 自觉落实文化领域的方针政策

优化文化工作的方式方法本质上要求政府部门、党政机关自觉地落实党中央有关文化建设方面，它是作为搞好文化建设的抓手出场，又以实践的方式推进。建设文化强国的实践理路离不开中华文化发展道路，特别是我们社会主义国家所特有的路线方针政策。我们所说的路线方针政策，内蕴着正确的指导思想和行为准则，意在要求我们党所领导的文化建设，要内外兼修。于"外"而言，要突出物质文化建设（如文化的基础设施建设）；于"内"而言，彰显社会主义文化之魂，凝聚民心。这对新时代加强党的文化建设来说至关重要。具体而言，中国共产党要科学研判国际、国内的现实境遇，特别是新时代文化使命所面临的新机遇、新挑战给予积极应对，从国家发展的战略高度来定权威性的、科学性的、有效性的方针政策。之所以言之"自觉"，乃在于中国共产党的文化建设本应当是我们党的独特标识，这种在文化领域当中的使命担当是一种自觉地，而非被动的抑或是强迫的，这是我们党自身代表着先进文化的前进方向的内在要求。我们党把"为人民服务""为社会主义服务"价值归旨贯穿到具体的方针政策当中，并且自觉地担负起文化领域的重大责任担当。与之相反，如果党员领导干部不能自觉地落实方针政策，这势必对我国文化建设发展产生一定的消极影响。因而，我们要从加强文化建设能力这个方面入手，进一步加强自觉落实文化领域的方针政策，将文化使命担当落到实处。

（三）提升文化领域统筹力

在理解文化领域统筹力的问题上，首先应当明确的是统筹规划的本质——实现文化资源配置的最优化。也就是说，在尽可能合理地优化文化资源配置前提下，来实现文化资源的最优化。可以看出，统筹力是从整体上对我国文化建设有一个清晰的认知，进而将其工作落到实处，完成文化使命任务。

1. 加强文化领域领导班子和党组织建设

立足当代，文化使命任务的艰巨性要求我们在工作中建立坚实的领导集体。基于对我国文化发展国情和文化事业发展的充分考量，人们在文化维度的需求日益多元化、多样化。在把握文化统筹力这一方法原则上，需要一支强有力的领导团队来全面把控文化发展的大趋势，在优化党组织建设的基础上来加强自身文化的建设能力。具体而言，在文化统筹方面，不仅要熟悉日常的文化工作，还要科学研判复杂的文化发展局势，特别是在意识形态领域当中的现实问题，为我国文化发展"护航"。除此之外，还要将文化统筹力的着力点放在党组织建设上，从组织层面上来将文化工作落细、落实。从这一点来看，需要将文化使命的内容融入党员干部的培训计划中，上到各级党校，逐步扩大到各基层党员干部的日常工作中，全方位、多领域的保证我们党在文化工作中的在场，将党的领导核心贯穿文化事业发展的过程中。这种统筹力在文化交流上也有所体现，即对各政府部门的统筹，意在调动民众的参与性。概言之，要充分发挥党组织在文化统筹方面的重要作用，不断实现在文化管理方面的新突破。

2. 要建立健全文化领域的工作机制和格局

立足当代，满足人民日益增长的精神文化需要，不仅表现为人们对文化发展成果的渴望上，还体现在对广阔的文化发展空间的现实需求上。对文化建设的过程而言，要紧扣人们现实的精神文化需要，使文化工作格局形成一个双向的互动，而不是单向的闭环。具体来说，在新时代中国共产党要力求落实好、贯彻好文化领域的统筹工作。进一步厘清和明晰文化工作中的重点和难点问题，最大限度地发挥党委对各部门工作的统一领导。承前所言，构建一个各部门分工协作、合作共赢的新发展格局，以期实现社会主义文化发展的新超越。在建立健全文化领域的工作机制方面要因时而变、因势而为抢占文化发展制高点，实现新时代我国文化发展新的突破。在提升文化领域统筹力这一方面，党员领导干部还应该进一步优化文化领域的工作机制，不断健全文化服务制度，以保障人民大众的文化权益。也就是说，要在文化公共服务上下大功夫，即从新时代人们的精神文化需求出发，精准文化公共服务的目标，并以更加细化的文化产品内容来把握人们多层次的文化需求，进而构建一套与之相适应的文化服务评价和反馈的机制，实现公共文化资源的合理配置。与此同时，党在领导文化建设的过程中要更加关切社会效益。正如习近平总书记所言，"把社会效益放在首位，社会效益和经济效益相统一，推进文化事业和文化产业全面发展。"① 这将从根本上推动我国文化产业高质量发展，在文化层面上为人们提供更多的优质服务。

3. 提升文化领域工作中的敏锐度和鉴别力

文化建设能力的提升，需要加强文化领域工作中的敏锐度和鉴别力二者共同作用来推动在文化工作方面的统筹力。在敏锐度方面主要体现在，意识形态领域中的复杂问题有着高度的敏锐性，特别是随着互联网的全面普及，维护网络文化安全变得尤为重要。在文化建设方面要把握两个大局，确保我国文化发展的正确导向。新时代文化使命的最终实现，必然要有能够深刻把握世情、国情和党情与时代发展人们的精神文化诉求。具体而言，在处理文化工作的过程中要避免陷入"工具理性"，要实现"价值理性"的真正回归，在更深远的意义上表征着文化发展的新起点。将文化建设工作落实到实处，发挥党员领导干部在文化事业单位的领导核心地位。质言之，文化领域工作中的敏锐度和鉴别力是提升中国共产党文化统筹力的两个重要方面，是新时代我们党完成文化使命的两个重要维度，彰显着对我国文化事业发展的进步意义。

三、增强文化创新能力

"创新是引领发展的第一动力"②，这表明了创新是推动中国文化使命的内生动力，意在使社会主义文化发展"强起来"，成为引领时代发展的鲜明旗帜。增强文化的创新能力，不仅能够为繁荣社会主义文化提供全新的发展思路，同时也能为实现民族文化复兴提供不竭动力。这就要求我们进一步推进文化理论的创新发展，在此基础上不断地创新文化管理体制、探索文化繁荣机制以及精耕文化治理体系，以此来实现在文化创新能力方面的新超越。

---

① 《中国共产党第十九届中央委员会第六次全体会议文件汇编》，人民出版社 2021 年版，第 71—72 页。

② 《十九大以来重要文献选编》（上），中央文献出版社 2019 年版，第 22 页。

（一）推进文化理论创新

当前，我国文化建设机遇与挑战并存，迫切需要在文化创新层面给予回应。文化理论创新的关键落脚点在于"创新"，这种创新不是简单的求新，而是要在文化建设的纲领、路线、方针和政策等等方面实现新的突破。也就是说，根据时代发展和实践需求，在文化层面上对已有的文化理论既定的文化理论观点不断地进行完善丰富和发展。

第一，坚持中国特色社会主义文化发展道路是新时代文化理论创新的前提性条件，在此基础上对文化发展过程中遇到的一些问题进行理论上的创新。立足当代，在中国特色社会主义伟大实践中进行文化理论创新，强化对中华文化发展的基本信心，在深刻把握时代维度和实践维度的基础上进行创新，勇担文化使命任务。当前，我们所强调的文化理论创新，其中最为关键的创新就在于不断推进马克思主义中国化发展的新境界。这是由于马克思主义文化理论的科学品格在于能够深刻揭示出文化发展的基础和规律。马克思恩格斯是从唯物史观的宏大视角来阐释文化的，以人的实践本质和自由的对象化活动为基础来把握文化的本质，从根本上实现了对唯心主义"文化史观"的彻底颠覆，深刻揭示了文化同经济、政治之间的辩证关系，是我们发展社会主义文化的重要指南。在新时代我们党要如何更好地在国际舞台上展现中华文化的魅力、中华文化中的智慧，需要对此给予科学的回答。中国文化发展道路不会背离马克思主义科学性，更不会割断中华文化的血脉。不言而喻，从中国特色社会主义文化发展道路全局性视角来考量文化理论创新，是我们守住文化初心的重要底气所在。

第二，文化理论创新需要科学把握时代发展的脉搏，特别是要对重大实践命题进行科学的研判。马克思主义的实践品格就在于，"随时随地都要以当时的历史条件为转移"。我们理解文化理论创新的重要突破口就在于对这些原理的科学运用。正是因为马克思主义理论本身就是随着客观历史条件而不断地进行与时俱进，根据实践和时代的发展变化来不断地调整自身的理论。因而，我们所谈及的文化理论创新，不是某种主观臆断，抑或是在思辨中产生的，而是来源于中国特色社会主义伟大实践。不言而喻，与时代发展同频共振是文化理论创新的本质规定，为推动文化发展提供原动力，彰显文化发展的时代特色。中国共产党围绕社会发展目标制定文化发展战略，在建党百年来历经"文化救国""文化立国""文化兴国"再到新时代的"文化强国"，各阶段的使命目标无不彰显时代性。一言以蔽之，在新时代的境遇下，把握时代脉搏是推动文化理论创新的根本所在。我们党在文化领域中的顶层设计应抓住重大的、核心的现实问题，探寻文化发展规律。需要指出的是，我们在进行文化理论创新的过程中，要综合考量其是否有益于人民、是否有益于推动国家发展、是否有益于人类文明进步，这是我们践行文化使命的题中之义。

第三，文化理论创新需要进一步增强社会主义文化的吸引力和凝聚力。在新的发展境遇下，人们的高质量文化产品的新需要、对精神文化的新期待是随着社会经济发展的步伐而不断出现的。以往的精神文化产品不能满足人们新时代的新需要，这就迫切要求我们党在文化理论创新的过程中特别注意吸引力、凝聚力和感召力问题。一是在吸引力方面，推动文化理论创新的一个内在动力表现为这种理论中的思想、价值、理念等方面能否被广大民众所接受、所认可。其中关键一环即是在话语表达上予以突破，改变传统理论宣传的刻板僵化、过于行政化的表达逻辑，实现形式上的全新转变——采取人们喜闻乐见、通俗易懂且尽量活泼的表达形式，以"润物细无声"式将文化理念输送至人们的耳中、心中，切实而深度影响人们的思维认知、价值追求和思想判断等。也就是说，新时代人们对文化的多层次、高质量的追求，需要我们在理论方面做出新的阐释和解读。二是在凝聚力方面，我们所进行的文化理论创新要能够凝聚民心，汇聚力量。换言之，文化理论创新是实现民族文化复兴的动力之维。由此，我们可以看出在践行文化使命的过程中要不断地进行文化理论创新，只有这样才能正确引领文化创新的实践。

（二）创新文化管理模式

文化创新能力，就是指在文化领域所体现的创新能力，提供具有文化价值的新思想、新理论、新方法的能力以及发现文化发展和建设的新规律、新理念的能力。在此意义下，文化创新能力，则更为注重管理体制与文化形式基础上的文化管理模式的创新发展。

1. 创新文化管理体制

迈进新时代的现实场域，西方国家的意识形态输出的政治行为从未停歇，企图以隐蔽的文化渗透来结构我国的文化体系，消解我们的民族精神以及弱化主流核心价值的引领作用等等。可以说，在对外文文化市场方面，整个国际的文化发展环境和局势都充满了风险和挑战，愈加的难以管理。面对新形势下的新的使命任务，我们党就需要建立一个与新时代协同发展的文化管理体制，以此来应对挑战。由此，创新文化管理体制的突破口，转向政府职能的转变。也就是说，立足新时代，要建立一个与时代同步发展的新型文化领导体制，而这就需要依靠政府角色来介入文化管理场域，意味着这需要政府与文化管理部门之间的关系，特别是文化企事业单位，突破阻碍文化生产力解放的体制机制障碍，进而释放文化市场的积极作用文化管理体制的创新能力还体现在对信息媒体技术的应用上，把新兴媒体与文化深度融合，在加强网络监管的铁框之内，以硬性的规矩框架维护国家网络文化安全。

2. 创新文化的实现方式

对于文化的形式而言，其内在的创新有着三层向度。一是从文化内容的向度来讲，这种创新能力所蕴含的是一种价值理念、思维方式和知识体系，是文化价值的旨归。从这一点来看，文化内容的创新则是中国共产党文化创新能力的重要组成部分，新时代党在践行文化使命的过程中，应当把文化内容的创新放在首位，满足人们新时代对文化的新期待，把这种新期待印刻在文化内容之中，不断提升其创造力。二是基于形式创新的向度，我们了解到文化形式要随着文化内容的改变而发生变化。也就是说，文化内容的创新决定了文化形式的创新，文化内容随着时代变迁发生改变后文化形式也要进行创新，以符合时代内容变化的现实要求。从文化表征的形式进行易于人们接受的现实诉求进行创新性改造，不得不说，文化形式的创新表现为载体的创新，这也是中国共产党文化能力创新的重要体现。三是从文化创新的方法和手段的向度来讲，创新文化的方法是文化创新的重要手段。伴随着第四次科技革命的到来，文化创新的能力提升必然要借助于"新技术""新媒体"等数字技术，以高科技嵌入文化手段之中实现方式创新。要打破技术壁垒，努力构建一套与新时代发展相适应的文化产业体系，最大限度地运用互联网技术实现文化生产和传播的创新，这是党实现文化创新能力的一大关键维度。

（三）探索文化繁荣机制

从文化繁荣机制的生成意义来看，其意义便是指向的文化发展，尤其是一个国家的文化繁荣发展是需要创新机制来激发文化创造活力的。可以说，文化繁荣机制创新的缺失意味着文化发展的内生性动力不足，也就是说，雄厚的物质基础是保证文化发展的重要外部条件，但是更为关键的是要有一套与新时代发展相契合的体制机制，即科学合理、灵活有效的激励机制。

1. 人才激励机制

文化创新是文化能够得以繁衍和发展的能力的一种表征，其创新的关键在于实现对文化主体"人"的现实关照。也就是说，无论是文化创新抑或是文化创作其最核心的要素就是"人"这一主体。聚焦新时代的文化场域，我国文化建设上仍存短板。那么，文化创新方面的问题表现在文化创新能力和文化创新意识不足，究其根本就在于文化创新型人才的缺失。"高素质文化创新型人才的培育"问题已然成为当下我们党推进文化使命所必须应对的时代课题，应该看到，人才培养往往指向激励机制的创新程度。而文化领域的人才激励机制的有效创新和转化发展，将极大提升文化场域工作者的主观能动性和内驱动力。现实呼唤我们积极建立与人才培养匹配的激励机制。这种激励机制应从两个维度来理解，一是宏观维度上，主要涉及法律法规激励、政策激励和外部文化创造的环境激励等；二是微观维度来看，主要涉及文化创作主体的成长激励和文化创作团队的激励。总之，文化创新型人才的激励机制能够更好地保护和尊重创作者，以期为社会主义文化发展创作出更多更好的文化作品。

2. 文化的效益机制

文化发展的社会效益和经济效益绝不应简单的拆分，更不能将某一方面孤立的发展，而是应当以系统的思维促进二者相统一的体制机制。从一定意义上看，社会效益能够为一个国家的文化政策的合法性进行论证，基于此，利于文化惠民工程的持续推进和进一步发展，进而优化公共文化服务体系。换言之，需将社会效益纳入政府公共服务的现实考量的首要要素是必要的，其价值目标须实现人民对文化产品的现实性满足。经济效益机制作为文化繁荣的重要方面，要与社会效益机制融合发展，共同作用与社会主义文化发展新格局的生成，充分展现出文化的现代生命力。创新文化繁荣机制中社会效益是最为重要的，党和国家在推动文化建设的过程中要把社会效益放在首位，推动公共文化服务满足人们的个性化需求，在服务的层次上更加突出立体化服务模式，在文化服务的方式上要充分彰显民主化，保障公民的基本文化权益，力求在追求文化社会效益的现实进路中实现内容的不断创新和迭代发展。

3. 文化的传播机制

立足社会主义文化繁荣发展的未来图景，文化的传播机制具有其在场的战略价值和现实必要性。特别是在国际话语场域的交流中，文化的传播机制的建设情况往往掌握着文化交流的主动权。文化传播机制所要体现的是在传播的过程中能够有效地激发文化的活力和生命力。与其他文化创新机制相比，文化传播机制是一种更具有正向的力量。也就是说，一个好的文化传播机制能够推动国家文化的发展，特别是在对外文化宣传方面。具体文化传播机制需要对相应的文化进行分类、监管等，其中最为关键的是要围绕特定的主题进行传播，从新时代我国文化发展的主题出发，来打造高质量的文化品牌。与此同时，还要从文化传播的系统性和整体性出发，对外文化宣传中积极推进文化传播实现民心相同，打造全球文化传播的新格局让世界上更多的人民了解中国精神和中国价值，促进世界文明交流。特别是要把人类命运共同体的价值理念为指导，进行对外文化，积极构建和谐包容的世界文化秩序。

（四）精耕文化治理体系

从文化治理方面来理解中国共产党文化使命的创新能力，这种创新能力落脚点在于"文化治理"。一般而言，文化治理是指在公共文化事务层面多元主体参与，主要是政府组织和非政府组织之间的多元参与合作，即政府、社会和市场三方合力，共同推进文化治理体系现代化。在文化治理过程中要充分发挥文化的功能和作用，推动社会主义文化创新性与均衡性发展，不断文化创新能力。

1. 多元化主体参与

文化治理是指，在文化自身规律基础上，通过文化资源和文化权力的有效配置，以实现文化功能最大化和文化持久繁荣的一种治理模式[①]。创新文化治理体系的重点在于多元主体的广泛参与，毋庸讳言，文化治理当中一旦有非政府组织的缺位便不能生成有效的治理体系，而且只有在多元参与的情况下文化治理才能更有效。换言之，多元主体的共参同谋构成着文化治理的内在要素，反观我们党在文化治理体系和治理效能的现实进路之中，应该使文化治理走向"善治"，关键在于解决"如何治"和"怎样治"的问题，显然不同于"管"和"办"文化。中国共产党创新文化治理体系需要充分运用互联网思维进行联动治理，即政府、民间组织、公民多方参与协同共建，在文化产品创作、输出等环节优化参与主体，鼓励支持和引导各种有利于我国文化事业发展的文化主体来广泛参与文化治理，构建良好的文化生态环境，真正从刚性的传统管理向柔性的现代化治理进行现实性转向，达成文化创新活力的激增和活跃，进而提升国家文化软实力。

2. 文化服务均衡性发展

从现实发展的视角出发，文化服务均衡化发展，既能打破城乡二元结构下的区域文化不均衡难题，还极为有力助推我国文化区域的有序均衡发展。均衡性主要是指资源分配或资源整合，而文化服务均衡性发展就是特指在文化领域当中的资源分配问题。从城乡文化服务的发展来看，当前我国发达城市和偏远地区的文化资源、文化基础设施等分配不均衡，在这种情况下文化服务的范围更是非常有限。从区域性的角度来看，我国东中西地区文化资源分配也存在一定的差异性，需要把优质的文化服务向西部偏远地区转向，力促东西文化交流和既有文化成果的共享共通。在文化建设的过程中给予偏远

---

① 韩美群：《国家文化治理：定位、内涵、特征与路径创新》，《重庆工商大学学报（社会科学版）》，2018 年第 1 期。

地区实现文化跨越式发展更多的可能和机遇。在文化公共服务的水平上下功夫，以期在文化产品的质与量上实现双突破，进而满足人们的精神诉求和价值旨趣。中国共产党人在创新文化治理体系的过程中要具备大局意识和人类情怀，通过文化产品不断增强各区域和各民族之间的文化认同。

四、加强文化国际传播能力

当前，我国文化的国际传播力在展示形式、话语体系、影响力度等都存在或多或少的"低语"症结。对此，我们要摆脱"自说自话"的传统媒体逻辑，以多层面和声共振打造"复调传播"新格局，切实加强当代中国文化国际传播能力。

（一）拓宽文化传播形式

习近平总书记明确提出，要"构建具有鲜明中国特色的战略传播体系，切实提高我国国际传播影响力"[①]，这一重要论断为加强文化国际传播能力建设提供了重要的理论指导。显然，文化传播形式以跨越虚实场域的现实力量，扩大着文化使命辐射的深度和广度，更为深入地增强着受众群体对文化使命的个体认同、民族认同和国家认同。

1. 文化传播载体的创新

随着网络技术和新媒体技术等高新科学技术的深度发展，一个跨域对话、联系密切的文化层面的国际性社会正日渐成型。在这个社会中，文化传播载体搭建起文化内容与各国受众群体彼此联结的"桥梁"，传递着既定文化的目标指向、发展愿景和价值观念，扩大着文化辐射的传播能力。无论是文化于价值层面的内容输出，还是国际传播能力的提升增强，都离不开文化传播载体的推动加持。文化传播载体是加强中国文化使命国际传播能力的基础性前提，这是因为其内具的"桥梁"效用。站在新时代的历史方位之中，

---

① 《习近平主持中共中央政治局第三十次集体学习并讲话》，《新华社》2021 年 6 月 1 日。

文化传播载体的创新尤显重要。其一，我们党文化使命的国际传播之客观所需。譬如，"为世界谋大同"的使命内容自设定之初就跨越了民族狭隘主义的边界，其指向范围并非仅局限于国内人民，更期待于世界各国人民的主体性认同，这就客观地需要以文化传播载体的创新来实现传播使命和赢得认同的目的。其二，打破传统媒体逻辑之主观所需。电视、报纸等传统媒体形式相对单一、承载容量相对较小、受众范围相对狭小，这对于已经适应了虚拟场域中全新生存方式的个人来说，传播媒体已远远满足不了他们对文化的需求和精神诉求，人们渴望立体多样、融合发展的文化传播媒体。由是观之，中国共产党在践行文化使命的道路上，文化传播载体的创新是加强我们党文化使命国际传播能力的技术支撑和前提保证，必须从传统单向传输载体向"沉浸化""互动式"的新型传播载体转变，构建全媒体传播矩阵。

2. 文化传播理念的创新

当前，文化传播的速度、强度和广度都发生了深刻的变化，时代的转场要求文化传播理念的创新与转换。切实增强文化国际传播能力，以传播理念的现实性创新，有力推进文化使命的践行工作。第一，基于发展向度，倡导文化传播的可持续发展理念。"文化传播应该致力于保证社会、政治和经济条件和谐地改善，并且不能威胁到国际社会中他人和后代的机会"[①]，这就意味着要在价值目标上保证后代人对既有文化资源的需求，在文化传播过程中塑造平等、互信的可持续发展合作关系，在共同理解下实现文化的交流与进步；第二，基于协调向度，倡导文化传播的和谐共存理念。必须承认，置身当下国际传播境遇，西方国家已然把持着文化传播的绝对话语权，形塑着"西强东弱"的文化传播畸形之态，西方的一元文化主导论严重阻碍了多元文化的平等对话和互动交流，其结果既不利于文化多样性的发展，也有悖于"和平发展"的世界潮流。文化传播必须以和谐共存理念消解一元主导思维的影响，进而构建起多元、平等、和谐的文化传播体系；第三，基于开放向度，倡导文化传播的"走出去"与"请进来"结合理念。在新时代的方位之

---

① 肖萌：《全球化背景下文化传播理念与路径探析》，《现代传播（中国传媒大学学报）》2014年第 08 期。

中，各国各民族的文化间呈现出频繁互动和交流密切的趋势，这"不仅象征着文明互鉴新篇章的启幕，更成为人类命运共同体的文化宣言"①。文化传播理路需要以"走出去"的自信心态多维度多方面地向世界讲好中国文化，以"请进来"的包容之姿汲取世界优秀文化成果。

3. 文化传播主体的创新

传播主体的现实性创新直接关系到文化国际传播能力增强的问题。在传统传播学的思维框架中，国际领域的文化传播主体往往具有唯一性且更倾向于政治领域的掌权者或是官方媒体之类，过分注重了文化的政治属性，在此理念下一个以西方发达国家为主导的文化传播等级秩序已基本形成，严重违背了以平等对话、互鉴共荣为旨归的文化交流初衷，事实制约着文化传播的自由性和发展性。基于此，要想使中国文化使命形成深厚持久的认同度，要想扩大文化使命在国际场域中的影响度，需要从文化传播主体的创新层面加以着手：一是倡导国家主体的文化平等对话，打破西方主导的文化传播等级秩序，并在彼此尊重、和谐共存理念下携手重建一个多元参与、平等交流的国际文化传播新格局；二是强调与国际组织的交流合作。一方面，最大程度化解世界对"中国崛起""国强必霸"等非议疑义；另一方面，搭建有利于本民族文化使命传播交流的广阔平台，构建共生共荣共存的国际文化传播新秩序；三是注重对民间组织、个人等多元主体在文化传播层面的作用发挥，把"人力优势转化为传播优势"，不断凝聚起文化共识的最大同心圆，着力打造多元化、全民性、立体型的共同传播新局面。总而言之，文化传播主体的创新重点在于改变传统传播主体的思维局限，倡导借重和依靠国家主体、组织主体和个人主体等多元主体，聚力构建一个多层次、多方位、立体型的文化传播新体系。

（二）构建对外话语体系

不论是生存发展的现实场域，还是网络化的虚拟场域，文化话语权渐入世人视野并备受关注，并在大国崛起的进程中有着不亚于科技革命的现实影

---

① 项久雨：《新发展理念与文化自信》，《中国社会科学》2018 年第 06 期。

响力。习近平总书记明确指出，"落后就要挨打，贫穷就要挨饿，失语就要挨骂"①，借以近代"落后挨打"的惨痛史实，形象喻示新时代中国倘若"失语"必将遭受"挨骂"的结果，深刻阐明了构建对外话语体系的时代必要性和现实性。置身新时代的现实语境，我们要以聚心凝力、开放包容、踔厉奋发之姿形塑新时代中国对外话语体系。

话语体系是政治理念和文化价值的外在表达形式。② 这一体系的构建源于对文化的积淀和文明的传承，总是与所处历史阶段、所表征的国家形象和所推行的发展道路紧密关联，毫无疑问，话语体系应然地囊括于国家文化软实力的范畴之内，影响着一国家在国家舆论场中的话语地位和话语权威。中国共产党充分认识到话语体系建设具有展现中国形象的现实重要性，从"国家话语"概念的提出，到"国家对外话语体系"的建设构想，再到"中国特色对外话语体系"明确表达，该概念层层深入的阐释旨在诉说中国走向世界、面向未来的表达形态。值得注意的是，在全球话语体系中国处于式微的位置，式微不代表"失语"，更不能代表中国特色对外话语体系构建的无价值性，相反这一现实处境更加肯定了新时期文化场域下加强和完善中国特色对外话语体系的至关性和必要性。基于百年未有之大变局的新形势，构建中国特色对外话语体系需具备国际意识和形势研判力，以大局视野关注全人类的利益命运，积极倡导并参与构建新型国际关系，在世界未来走向中把握主动、引领潮流，进而在把握话语主动权的进路上抢占国际舆论制高点。

中国特色对外话语体系的提出无疑是掷地有声的，其内含的建设目标指向清晰，廓清了新时代构建对外话语体系的应然方略。应该看到，构建对外话语体系的目标指向与"全人类"的发展是深度契合的。其一，在构建对外话语体系过程中，要做全球发展的贡献者，旨在弥合西方文化霸权所带来的发展鸿沟，以担当负责的大国之态讲述切实可行的中国方案，为世界的繁荣发展贡献中国智慧；其二，在构建对外话语体系过程中，要做世界和平的倡议者，立身国际舆论主战场倡导平等对话、交流互鉴的话语秩序，以尊重文

---

① 《习近平总书记系列重要讲话读本》，人民出版社2016年版，第210页。
② 张国祚：《中国话语体系应如何打造》，《人民日报》2012年7月11日。

化多样性的认同心理化解偏执的文化冲突理念，在和平发展的理念下重建全球伙伴新关系；其三，在构建对外话语体系过程中，要做国际秩序的维护者，倡导尊重基础上的文化平等对话，形塑平等公正的世界文化交流新秩序。这三个维度共同明示着中国在对外话语体系建构上的价值基准，深刻反映了中国共产党为世界谋大同的使命担当。

总之，构建中国特色对外话语体系的关键取决于主体对这一话语体系的内置价值或理念的认知与认同程度，即人民主体对中华文化所含内容的自觉性认知和内生性认同。在恰当的话语表达形式下，主体认同将凝聚成更为稳固且持久的文化共识，不断增强着对中国话语的吸引力、公信力和感召力。这一话语体系不仅体现我们党的政治思想、文化理念、价值指向等外在表达形式，也体现着人民对本民族文化的认同度，并且有利于扩大中华文化在国际舞台上的影响力。

（三）塑造国家文化形象

一般而言，"国家文化形象承载着内外部公众对一个国家价值观念、精神品格、行为模式等的综合认知"①，深刻展现着一个国家的文化底蕴和精神面貌，具有鲜明的现实指向，是增强国家文化软实力不可忽略的关键元素。可见，形塑良好的国家文化形象已然是现实提升民族文化国际传播能力和综合国力的重要法宝。

当前，世界文化格局处于大调整的时期。一方面，占据文化主导权的西方国家继续奉行文化霸权策略，以高压态势对国际话语示微的国家进行价值灌输与植入，而且西方国家之间也存在恶性竞争——纷纷寻求文化领域新突破，妄图夺取更多的国际话语主动权。另一方面，广大发展中国家积极探寻国家文化形象建设的发展路径，呼吁国际场域的文化平等对话，以期改变现有的世界文化格局，并主张建立一个公正、平等、包容且开放的国际文化新秩序。各国间的文化竞争之势愈演愈烈，文化格局亦变得复杂且多变起来。

---

① 沈壮海、王芸婷：《新时代中国文化形象建设的现实境遇、目标向度与推进方略》，《马克思主义理论学科研究》2021年第1期。

应该看到，变局往往意喻新局，新局则孕育机遇。立足当代，中国文化形象应着眼"过去""现在""未来"三个基点向世界展示当代中国：一是继承传统，形塑自尊自强的国家文化形象。纵览中华千年辉煌历史，中华优秀传统文化是中华民族绵延至今的精神密码和文化根脉，是根植心灵深处且最为厚重的精神标识，也正是这种内置民族深处的优秀传统精神，促使着中华儿女在救亡图存、转型过渡、建设探索、改革发展等关键时期创造着一个个中国奇迹。因此，形塑当代中国文化形象亟需继承中华优秀传统文化的精神内核，树立自尊自强的国家文化形象。二是增进认同，形塑生机盎然的国家文化形象。从内生动力的视野出发，国内民众的心理性认同和价值肯定是本国文化形象塑造的根本性前提和重要基础。唯有人民认同的国家文化形象才生机盎然、愈久弥香。应该看到，增进认同，尤其是对当下中国特色社会主义先进文化和文化现代化转向的认同，是推动中国文化繁荣、走向世界的重要一环。与此同时，也要注重关注生机盎然的现代文化，树立生机盎然的国家文化形象。三是凝聚共识，形塑包容开放的国家文化形象。当今国际传播领域，西方主导话语秩序基本稳固，其文化霸权思维违背了平等对话、尊重多元的文化交流原则，人为地铸起了文化交流互鉴的深厚壁垒。当代中国应以宽广之态、担当之姿，提出了"以文明交流超越文明隔阂，以文明互鉴超越文明冲突，以文明共存超越文明优越"的实践方略，在国际话语舞台上赢得普遍认可并凝聚起广泛共识，在和谐共存的理念下，树立包容开放的国家文化形象。值得注意的是，塑造国家文化形象最重要的是要向世界呈现"本真"的中国，这种"本真"具体体现在两个方面，即自信和坦诚。一方面，对自身文化形象的绝对自信，自信中国形象的精神内核掷地有声，对本民族更对于世界文化发展裨益良多。另一方面，对所塑文化形象的话语表达足够坦诚，在国际文化交流舞台上讲述真实的中国形象，从"事实"的维度上讲清中国故事、传递中国声音。

| 参考文献 |

一、经典著作与重要文献

《马克思恩格斯选集》第1—4卷，人民出版社2012年版。

《马克思恩格斯文集》第1—10卷，人民出版社2009年版。

《列宁选集》第1—4卷，人民出版社2012年版。

《毛泽东选集》第1—4卷，人民出版社1991年版。

《毛泽东文集》第1—2卷，人民出版社1993年版。

《毛泽东文集》第3—5卷，人民出版社1996年版。

《毛泽东文集》第6—8卷，人民出版社1999年版。

《毛泽东文艺论集》，中央文献出版社2002年版。

《毛泽东书信选集》，中央文献出版社2003年版。

《毛泽东年谱（1949—1976）》，中央文献出版社2013年版。

《邓小平文选》第1—2卷，人民出版社1994年版。

《邓小平文选》第3卷，人民出版社1993年版。

《江泽民文选》第1—3卷，人民出版社2016年版。

《江泽民论有中国特色社会主义（专题摘编）》，中央出版社2002年版。

《胡锦涛文选》第1—3卷，人民出版社2016年版。

《习近平谈治国理政》第1—4卷，外文出版社2018、2017、2020、2022年版。

《习近平著作选读》第1—2卷，人民出版社2023年版。

《习近平关于社会主义文化建设论述摘编》，中央文献出版社2017年版。

《论中国共产党的历史》，中央文献出版社2021年版。

《建党以来重要文献选编（1921—1949）》第1—26卷，中央文献出版社

2011 年版。

《建国以来重要文献选编（1921—1949）》第 1—19 册，中央文献出版社 2011 年版。

《三中全会重要文献选编》（上、下），中央文献出版社 2011 年版。

《十二大以来重要文献选编》（上、中、下），中央文献出版社 2011 年版。

《十三大以来重要文献选编》（上、中、下），中央文献出版社 2011 年版。

《十四大以来重要文献选编》（上、中、下），中央文献出版社 2011 年版。

《十五大以来重要文献选编》（上、中、下），中央文献出版社 2011 年版。

《十六大以来重要文献选编》（上、中、下），中央文献出版社 2011 年版。

《十七大以来重要文献选编》（上、中、下），中央文献出版社 2013 年版。

《十八大以来全会重要文献选编》（上），中央文献出版社 2014 年版。

《十八大以来全会重要文献选编》（中），中央文献出版社 2016 年版。

《十八大以来全会重要文献选编》（下），中央文献出版社 2018 年版。

《十九大以来重要文献选编》（上），中央文献出版社 2019 年版。

《在庆祝中国共产党成立 100 周年大会上的讲话》，人民出版社 2021 年版。

《中共中央关于党的百年奋斗重大成就和历史经验的决议》，人民出版社 2021 年版。

二、著作类

曹泳鑫：《中国共产党人文化使命研究》，上海人民出版社 2011 年版。

陈先达：《文化自信中的传统与当代》，北京师范大学出版社 2017 年版。

陈先达：《马克思主义与中国传统文化》，人民出版社 2015 年版。

方克立：《马魂中体西用：中国文化发展的现实道路》，人民出版社 2015 年版。

费孝通：《中国文化的重建》，华东师范大学出版社 2013 年版。

费孝通：《文化与文化自觉》，群言出版社 2016 年版。

顾海良、沈壮海：《文化强国之路》，湖南教育出版社 2015 年版。

胡光宇：《中国共产党文化建设》，人民出版社 2011 年版。

梁漱溟：《中国文化要义》，上海人民出版社 2018 年版。

李春华：《新时期中国共产党文化创新研究》，中国社会科学出版社 2012 年版。

李春华：《文化生产力与人类文明的跃迁》，中国社会科学出版社 2016 年版。

李丽：《文化困境及其超越》，人民出版社 2013 年版。

李睿：《中国共产党文化自觉研究》，中国社会科学出版社 2019 年版。

骆郁廷：《文化软实力》，中国社会科学出版社 2012 年版。

欧阳雪梅：《中华人民共和国文化史：1949—2019》，当代中国出版社 2019 年版。

沈壮海：《论文化自信》，湖北人民出版社 2019 年版。

沈壮海：《文化强国建设的中国逻辑》，人民出版社 2017 年版。

孙宁：《中国共产党国家文化安全战略》，中国社会科学出版社 2016 年版。

施秀莉：《改革开放以来中国共产党文化理论发展研究》，中国社会科学出版社 2016 年版。

王习胜：《文化自觉中拓展中国道路：马克思主义理论与实践》，光明日报出版社 2016 年版。

吴海江：《中国共产党与中国文化》，上海人民出版社 2019 年版。

杨海波：《列宁文化理论研究》，人民出版社 2015 年版。

杨凤城、耿化敏等著：《中国共产党文化思想史》，中共党史出版社 2023 年版。

衣俊卿、胡长栓等：《马克思主义文化理论研究》，北京师范大学出版社 2017 年版。

张岱年、方克立：《中国文化概论》，北京师范大学出版社 2019 年版。

张士海：《中国共产党文化领导权建设研究》，中国社会科学出版社 2014 年版。

周熙明、李文堂：《中国共产党的文化使命》，江苏人民出版社 2006 年版。

邹广文：《中国当代语境下的文化矛盾与文化走向》，首都师范大学出版社 2018 年版。

三、中文译著

［英］阿雷恩·鲍尔德温等：《文化研究导论》，陶东风译，高等教育出版社 2004 年版。

［英］维特根斯坦：《文化和价值》，黄正东、唐少杰译，译林出版社 2014 年版。

［美］丹尼尔·贝尔：《资本主义文化矛盾》，严蓓雯译，江苏人民出版社 2007 年版。

［美］杜威：《自由与文化》，傅统先译，商务印书馆 2013 年版。

［美］格尔茨：《文化的解释》，韩莉译，译林出版社 2014 年版。

［美］塞缪尔·亨廷顿：《文化的重要作用：价值观如何影响人类进步》，程克雄译，新华出版社 2010 年版。

［德］霍克海默，阿道尔诺：《启蒙辩证法——哲学断片》，渠敬东、曹卫东译，上海人民出版社 2006 年版。

［德］雅斯贝斯：《时代的精神状况》，王德峰译，上海译文出版社 2013 年版。

［德］卡西尔：《人论：人类文化哲学导引》，甘阳译，上海译文出版社 2013 年版。

［德］马克斯·韦伯：《新教伦理与资本主义精神》，马奇炎、陈婧译，北京大学出版社 2012 年版。

［法］布尔迪厄：《文化资本与社会炼金术 布尔迪厄访谈录》，包亚明译，上海人民出版社 1997 年版。

四、期刊论文

陈先达：《厚植文化自信 增强战略定力》，《红旗文稿》2019 年第 17 期。

陈宇飞：《中国共产党承载着怎样的文化使命》，《人民论坛》2017 年第 1 期。

陈宗章：《建设社会主义文化强国的逻辑、原则与现实进路》，《江苏社会科学》2021 年第 5 期。

邓纯东：《百年大党风华正茂的文化密码解读》，《湖湘论坛》2021 年第 2 期。

丁晓强、赵静：《习近平文化思想探析》，《马克思主义文化研究》2018 年第 1 期。

杜娟、巨慧慧：《中国特色社会主义文化建设的新时代使命》，《学术交流》2021 年第 3 期。

方世南：《习近平文化思想的文化使命感》，《阅江学刊》2024 年第 1 期。

丰子义、张梧：《文化发展的战略自觉与顶层设计》，《新视野》2019 年第 6 期。

冯颜利：《文化自信与中国共产党人初心使命的文化认同逻辑》，《理论与改革》2020 年第 6 期。

郝俊霞：《新时代中国共产党文化领导权建设面临的挑战及对策》，《阜阳师范大学学报（社会科学版）》2020 年第 3 期。

何利娜：《百年大党文化建设的历史经验及现实启示》，《理论月刊》2021 年第 2 期。

胡宝平：《中国共产党人新的文化使命》，《中共南京市委党校学报》2017 年第 6 期。

胡惠林：《文化国情：新时代中国文化发展的逻辑前提与决策基点》，《中华文化论坛》

2018 年第 5 期。

胡晶晶：《中国共产党文化使命的逻辑生成和探索历程研究》，《领导科学》2021 年第 22 期。

胡义、王永友：《新时代中国共产党的三重文化使命——基于实现国家富强、民族振兴、人民幸福的目标视角》，《邓小平研究》2020 年第 6 期。

金民卿：《西方文化霸权的四大"法宝"会不会失灵》，《党政视野》2017 年第 2 期。

寇清杰、王新颖：《中国共产党文化建设的百年探索》，《学术探索》2021 年第 10 期。

李春华：《文化生产：满足人民群众对美好生活需要的重要力量》，《人民论坛》2019 年第 25 期。

李君如：《建设文化强国的战略意义》，《人民论坛》2011 年第 31 期。

李曼：《马克思主义文化观和中国共产党的文化使命》，《人民论坛》2018 年第 22 期。

李文堂：《中国共产党百年文化成就》，《中国党政干部论坛》2021 年第 10 期。

林雅华、郭萌萌：《新时代中国共产党的文化使命与文化视野——学习"两个结合"重要论述》，《北京航空航天大学学报（社会科学版）》2021 年第 6 期。

林映梅：《论新时代"新的文化使命"的科学内涵》，《桂海论丛》2020 年第 4 期。

刘治呈：《历史传承维度下中国共产党人的文化使命探微》，《延边党校学报》2020 年第 1 期。

沈壮海：《担负起新的文化使命》，《思想理论教育导刊》2017 年第 11 期。

沈壮海：《文化建设的主体意识、时代意识和使命意识》，《人民论坛》2017 年第 36 期。

田克勤、唐立平：《习近平文化思想形成发展的时间向度、空间向度和本体向度》，《新疆师范大学学报（哲学社会科学版）》2024 年第 4 期。

孙英春：《逆全球化趋向下的文化安全与文化治理》，《浙江学刊》2021 年第 5 期。

王蒙：《百年大党的文化初心与文化使命》，《中国领导科学》2021 年第 4 期。

王永贵、尤文梦：《习近平关于文化建设重要论述的四个向度》，《江苏社会科学》2020 年第 6 期。

吴波：《人类文明新形态视域下的中国道路》，《中国特色社会主义研究》

2021 年第 6 期。

吴佩芬：《论中国共产党文化使命与文化现代化》，《社科纵横》2014 年第 6 期。

吴文新：《新时代中国特色社会主义的文化使命——推进"马学""中学"互化融合》，《马克思主义文化研究》2018 年第 2 期。

徐国宝：《切实担当中国共产党人的文化使命》，《前线》2021 年第 04 期。

徐望：《全球文化资本扩张中的我国文化安全危机分析与应对》，《经济界》2021 年第 5 期。

项久雨：《新发展理念与文化自信》，《中国社会科学》2018 年第 6 期。

项久雨、姚兰：《文化视域下中国形象对外传播的基本向度》，《江淮论坛》2017 年第 5 期。

杨光斌：《中国文明基体论——理解中国前途的认识论》，《人民论坛》2016 年第 5 期。

杨金海：《中国共产党与中国百年文化发展》，《中国社会科学报》，2021 年 5 月 27 日第 001 版。

杨曼曼、沈壮海：《新时代中国国家文化形象塑造：意义、问题与策略》，《社会主义核心价值观研究》2018 年第 6 期。

杨瑞琴：《建党百年来中国共产党的文化使命探析》，《理论建设》2021 年第 1 期。

杨威、闫蕾：《马克思恩格斯文化思想的三维审视》，《马克思主义文化研究》2020 年第 2 期。

杨佚楠、张波：《新时代中国共产党文化使命的世界意义》，《延边大学学报（社会科学版）》2020 年第 2 期。

宇文利：《民族复兴离不开文化复兴》，《前线》2021 年第 05 期。

张波、杨佚楠：《中国共产党文化使命的生成逻辑和时代意义》，《理论探讨》2019 年第 3 期。

张城：《新时代中国共产党的文化使命》，《理论视野》2020 年第 6 期。

张国祚、刘存玲：《新时代背景下的文化软实力提升》，《马克思主义研究》2020 年第 9 期。

赵静：《社会主义文化强国建设的内在逻辑、时代意义和实践路径》，《内蒙古师范大学学报（哲学社会科学版）》2021 年第 4 期。

赵磊：《以夯实文化安全助推建设文化强国》，《人民论坛·学术前沿》2021 年第 13 期。

周海涛：《中国共产党文化理论的三重逻辑》，《学习论坛》2021 年第 5 期。

周熙明：《近代中国的历史命运与中国共产党的文化使命》，《中共中央党校学报》2006 年第 6 期。

邹广文：《中国共产党推动文化发展繁荣所形成的规律性认识》，《北京理工大学学报（社会科学版）》2021 年第 4 期。

五、外文资料

Max Horkheimer and Theodor W. Adorno, *Dialectic of Enlightenment*, translated by John Cumming, New York：Continuum, 1988.

Bourdieu, P., and Passeron, J. C. （1900）*Reproduction in Education, Culture and Society*, London：Stage.

Gramsic, A. （1971）*Selections from the Prison Notebooks*, London：Lawrence & Wishart.

|后　记|

本书是 2023 年度山东省社会科学规划研究青年项目"新时代中国共产党文化使命的逻辑生成及践行理路研究"（项目批准号：23DKSJ02）的最终成果。

文化使命呼唤文化担当。本书坚持以马克思主义为指导思想，以社会主要矛盾的变化为现实基点，从多维视角对当代中国文化使命问题展开系统研究，试图构建当代中国文化使命的理论体系，为更好地践行文化使命建言献策。研究当代中国文化使命问题，需要从当代中国发展的现实性出发，本书努力做到既讲清楚当代中国文化使命面临的新机遇，同时也讲明当代中国文化使命面临的新挑战，进而探究文化使命的践行理路。当代中国文化使命是随着实践的深入而不断丰富和发展的，需要将其放置开放的、延续的生成过程加以考查，具有一定的挑战。如果从体系的连贯性、完整性等方面严格要求，本书仍然存在诸多缺憾。

在本书的撰写过程中，要特别感谢我的博士导师李春华老师。自我攻读博士学位至今，李老师总是能够细心指导，带我走上真正意义的学术之路。特别感谢李老师提出的宝贵建议，本书才能得以不断地完善。

感谢我的爱人于鹏君，在撰写本书的过程中，给予我很大的鼓励与支持，让我有更多的时间进行写作。

感谢徐文贤编辑，在徐编辑的帮助下，本书能得以如期出版。

深知该研究成果存在诸多粗疏和不足之处，在此诚挚期望得到学界专家的批评指正。

林　敏

2024 年夏